RUSSLAND UND WIR

Hugo Portisch

RUSSLAND UND WIR

Eine Beziehung mit Geschichte und Zukunft

ecoWIN

1. Auflage

Gesetzt aus der Palatino, Jules Big, Cera Compact Pro

Medieninhaber, Verleger und Herausgeber:
Red Bull Media House GmbH
Oberst-Lepperdinger-Straße 11–15
5071 Wals bei Salzburg, Österreich

Satz: MEDIA DESIGN: RIZNER.AT
Umschlaggestaltung: Hauptmann & Kompanie Werbeagentur, Zürich
Printed by CPI Books GmbH in Germany

ISBN 978-3-7110-0274-7

MEINE VERMESSUNG EINES WELTREICHS

Ich war zu Besuch in China. Acht Wochen lang habe ich nur Chinesen gesehen. Beim Abflug saß ich im Flughafen Peking in der Wartehalle. Fünf Europäer kamen auf mich zu, ein Pilot, ein Co-Pilot, drei Stewardessen. Es waren Russen. Aber alle fünf waren Europäer. Mich packte ein Gefühl der Solidarität. Sie kamen mit einer Aeroflot-Maschine aus Moskau. Ein täglicher Flug. Eine Erinnerung – Russland grenzt an China, mit einer viertausend Kilometer langen Grenze. Das heißt: Europa grenzt an China, denn Russland ist Europa. An dieser Grenze stand der norwegische Forscher Fridtjof Nansen und sah vom Grenzfluss Amur hinüber nach China. Danach schrieb er in seinen Erinnerungen: »Wenn China einmal erwacht, wird Russland Europa zu Hilfe rufen müssen.«

Ich hatte viele Gespräche mit Russen in Sibirien. Viele waren besorgt, und auf die Frage, was sie besorgt machte, benützten sie beide Hände, um ihre Augen flach zu ziehen – die Chinesen.

Es gibt ein Pariser Memorandum aus dem Jahr 1989 über die bestehenden und die zu erwartenden Verhältnisse des Westens mit Russland. In dem Memorandum sind fast alle Fragen gestellt und beantwortet. Für den Westen gibt es nur die Verständigung mit Russland, nichts anderes ist vorgesehen, es ist der einzige Weg für beide Seiten. Horst Teltschik ist der gleichen Meinung. Er war der engste Berater des deutschen Bundeskanzlers Helmut Kohl. Er ist heute bemüht, die Verständigung mit Russland wiederherzustellen. Auch für ihn ist es der einzige Weg für Europas Zukunft.

Die Verständigung – die hängt von Wladimir Putin ab. Er hat seine Ziele schon oft ausreichend formuliert: Russlands Macht und Größe so wiederherzustellen, wie sie einst die Sowjetunion ausgezeichnet haben.

Das Programm hatte er bereits in seiner Amtszeit als Ministerpräsident unter Boris Jelzin umzusetzen begonnen: Er zog in den Krieg, als die Tschetschenen sich von Russland lösen wollten. Er zog in den Krieg, als Georgien zwei Provinzen Russlands für sich beanspruchte. Er stellte dem ukrainischen Präsidenten ein Ultimatum, als dieser ein Ansuchen um enge Kooperation und schließlich einen Beitritt der Ukraine und ein Arbeitsübereinkommen mit der Europäischen Union unterzeichnete. Er musste es zurückziehen, seinen Posten aufgeben und floh nach Russland. Er hatte auch die Absicht, die Ukraine in die NATO zu führen. Eine Absicht, die seine Freunde in Georgien geteilt hatten. Wenn beide Länder der NATO beigetreten wären, hätte kein Matrose von der russischen Schwarzmeerflotte mehr russischen Boden betreten können, überall auf dem Land wären sie in der NATO. Für Putin war es eine rote Linie, die quer durch die Ukraine führte. Der Donbass gehört zur Ukraine. Der Donbass ist für Russland, was für Deutschland das Ruhrgebiet darstellt. Reiche Kohlengruben, und über diesen wichtige Stahlwerke. Hier wurden und werden unter anderem auch die russischen Langstreckenraketen erzeugt.

Das hatten die Ukrainer nicht gründlich überlegt. Als Erstes beschloss Putin, die Halbinsel Krim nach Russland »heimzuholen«. Über Nacht landeten russische Soldaten auf der Krim – ihre Uniformen trugen keinerlei russische Hoheitszeichen, ihre Militärautos hatten ihre Nummernschilder demontiert. Es sollte eine offiziell nicht erkennbare Annexion der Krim durch Russland werden. Kurz danach kam es in der Ostukraine im Donbassgebiet zum Aufstand. Auch dort erhoben sich russische Partisanenverbände ohne russische Uniformen und begannen Kämpfe mit der regulären ukrainischen Armee. Es gelang nicht, diesen Aufstand stillzulegen, obwohl sich die deutsche Bundeskanzlerin Merkel und der französische Präsident Hollande bemühten, zwischen den Aufständischen und den Russen zu verhandeln. Es wurde eine Art Waffenstillstand ausgehandelt und unterzeichnet, in der weißrussischen Hauptstadt Minsk, aber es gelang nicht, die ausgehandelten Bedingungen umzusetzen.

Die Vorgänge lassen erkennen, was Putin unter keinen Umständen zulassen wollte: ein Abdriften der Ukraine nach Europa. Nein, unter Putin darf kein weiterer bisher russisch dominierter Boden mehr Russland entweichen. Die drei baltischen Staaten hatten die erste Gelegenheit genutzt und sich für selbstständig erklärt. In Litauen hatte Russland versucht, das Land mit Gewalt am Verlassen des russischen Orbits zu hindern.

Seither konzentriert sich Putin darauf, Russlands Macht und Ansehen in der Welt wiederherzustellen. Eine passende Gelegenheit dazu bot sich im Mittleren Osten, im Anschluss an die Bekämpfung der Terrororganisation Islamischer Staat auf dem Boden des Irak und Syriens. Hier scheute sich Putin nicht, auch militärisch einzugreifen. Russische Truppen, vor allem die Luftwaffe, unterstützt von einem russischen Flugzeugträger, bekämpften zunächst gemeinsam mit den USA und der Türkei den IS, doch in der Endphase verhalfen die Russen nur noch dem Regime Assad in Syrien dazu, die eigenen Aufständischen niederzukämpfen und der Türkei zu helfen, die von kurdischen Kämpfern an der Seite der Amerikaner eroberten Gebiete des IS unter Kontrolle zu bringen. Putin lud den türkischen Präsidenten Erdogan nach Sotschi ein und schmiedete dort ein russisch-türkisches

Bündnis. Ziel war es, der Türkei möglichst freie Hand gegen die Kurden zu geben und eine Zone des gemeinsamen Einflusses Russlands, der Türkei und des Iran zu schaffen.

Damit hat Putin auch sein zweites Ziel – Russlands Macht und Größe auch international wiederherzustellen – zumindest teilweise erreicht. Russland konnte im Mittleren Osten als Friedensmacher auftreten und zum ersten Mal in seiner Geschichte sich auch permanent in dem Gebiet als Führungsmacht einbringen.

All das wird von Kennern der Lage, wie etwa von Horst Teltschik, dem engen Berater des deutschen Kanzlers Helmut Kohl, aber auch vom früheren Präsidenten der Sowjetunion, Michail Gorbatschow, als russischer Versuch gewertet, mit der Europäischen Union und den USA gleichzuziehen. Gorbatschow, der der Wiedervereinigung Deutschlands zugestimmt und damit die DDR preisgegeben hatte, stellt sich vorbehaltlos hinter Putin und dessen Anspruch auf Gleichberechtigung Russlands mit Europa.

Es war aber auch Putin selbst, der die Möglichkeit einer Verbindung Russlands mit der NATO und noch mehr mit der Europäischen Union ins Spiel brachte. Er sei durchaus dafür, eine enge Kooperation mit dem Westen, insbesondere mit der EU, zu erwägen. Andererseits würde es auch im Interesse der Europäischen Union sein, die Verständigung mit Russland zu suchen. Seit der Aufkündigung des Atomvertrags mit dem Iran durch Präsident Trump und

Trumps Rückzug aus Afghanistan und dem Mittleren Osten bleibt den Europäern vermutlich nur, gemeinsam mit Russland, als eigene Ordnungsmacht aufzutreten. Etwas, was die EU bei der Entstehung des Islamischen Staates eindeutig versäumt hat. Damals war es klar, dass nur ein gemeinsames Auftreten des Westens den IS immerhin noch rechtzeitig in die Schranken verweisen konnte. Aber keiner der großen europäischen Staaten – Deutschland, Frankreich, England – hatte die Idee, mit eigenen Streitkräften im Nahen Osten einzugreifen. Europa hätte damit seinen Anspruch auf Mitsprache zur Regelung örtlicher Konflikte nicht nur im Nahen Osten deutlich anmelden können. Jetzt können sie nur noch nachziehen, müssen Russland den Vortritt lassen. Damit aber ist Russland zum entscheidenden Partner Europas geworden – zumindest, was die Probleme im unmittelbaren Vorfeld Europas betrifft.

RUSSLAND UND DIE WELT IM WANDEL

Das nächste Ringen um Einfluss und Mitbestimmung wird ein noch größeres Problem betreffen, nämlich Afrika. Seit dem Anschwellen der Flüchtlingskrise, insbesondere durch die Migration Zehntausender Afrikaner, liegt es auf der Hand, dass damit für Europa ein Problem entsteht, das sich nicht so leicht bewältigen lassen wird. Das heißt: Wer Europa retten will, muss Afrika retten.

Diese Absicht hat vermutlich China nicht. Dennoch haben die Chinesen das Potenzial Afrikas erkannt und sehen darin einen wichtigen Partner sowohl als Abnehmer als auch als Zulieferer von wichtigen Rohstoffen. Jedenfalls ist es erstaunlich, in welchem Ausmaß China versucht, Afrika zu erschließen. Fast allen afrikanischen Staaten hat Peking großzügige Kredite gewährt, einschließlich hoher Direktzahlungen an die dortigen Machthaber als auch zur Verrechnung für die sofort einsetzende Wirtschaftsentwicklung. Fast überall in Afrika hat China begonnen, Eisenbahnen und Autostraßen zu bauen. Eigentlich ähnlich dem Prinzip, wie einst die USA ihren Marshallplan zum Aufbau Europas zum Tragen brachten. Alle Materialien, die zum Ausbau von Eisenbahnstrecken und dem Straßenbau in Afrika gebraucht werden, sendet China nach Afrika und gewährt sie den Afrikanern auf Kredit. Das heißt, sie müssen im Moment nichts bezahlen. Die Hilfe hat China noch erweitert: Es schickt nicht nur die Materialien, es entsendet auch die Arbeitskräfte, nämlich Tausende chinesische Arbeiter, die die neuen Transportwege selbst errichten, offenbar weil die Chinesen das den einheimischen Kräften in Afrika nicht zutrauen. Das ist erstaunlich, denn auf diese Weise bekommen die afrikanischen Völker im Moment nichts, was ihnen sofort helfen würde, kein Geld und keine Lebensmittel, auch werden sie an den Arbeiten selbst nicht beteiligt. China bezahlt sich in Afrika selbst.

Welchen Nutzen die neuen Eisenbahnen und die Straßen einst für die einheimische Bevölkerung haben werden, bleibt abzuwarten. Fast ist zu erwarten, dass auch auf den Bahnen und den Straßen Waggons und Autos aus China verkehren werden.

Interessanterweise hat Europa den Konkurrenzkampf mit den Chinesen um Afrika nicht aufgenommen. Ganz anders als Putins Russland – die Russen versuchen, den chinesischen Einfluss in Afrika zurückzudrängen und selbst in die Entwicklung der afrikanischen Staaten zu investieren. Obwohl der Vorteil solcher russischer Investitionen nicht unbedingt auf der Hand liegt. Das war früher einmal anders. In den 70er- und 80er-Jahren des vorigen Jahrhunderts konkurrierte die Sowjetunion mit China um politischen Einfluss in Afrika, doch damals hatten sie ein Ziel: Diese Staaten sollten Vasallenstaaten Chinas oder der Sowjetunion werden. Es galt, das eigene Einflussgebiet zu erweitern und möglichst die eigene Art des Kommunismus zu verbreiten. Das scheint heute weder in China noch in Russland Vorrang zu haben. Dennoch artet die Afrikahilfe beider Staaten zumindest zu einem Kampf um neue Absatzgebiete und Rohstoffquellen aus.

Auch das sollte von Europa nicht nur neugierig verfolgt werden, auch auf diesem Gebiet sollte Europa seine eigenen wirtschaftlichen Stärken zum Tragen bringen. Auch Afrika ist so wie der Nahe Osten ein europäisches Vorfeld, um das sich Europa um seiner selbst willen zu kümmern hätte.

ALTE GRENZEN, NEUE GRENZEN

Aber in Europa wird es schon bald nicht mehr ohne Einverständnis und Abmachungen mit Russland weitergehen. Es liegt auf der Hand, dass die EU und Russland aufeinander angewiesen sind und es zunehmend sein werden. Was Putin von Europa erwartet, hat er schon mehrfach formuliert: Russland möchte einbezogen werden in ein europäisches Sicherheitsnetz, in dem es sich vor neuen Expansionen aus dem europäischen Raum gesichert vorkommen möchte. Das Vorpreschen der NATO bis jeweils an die russische Grenze im Baltikum und in Ostmitteleuropa ist in den Augen Moskaus zweifellos provokativ und bedenklich. Es ist erstaunlich, dass die Russen sich bisher an die von ihnen selbst verkündete Politik der Nichteinmischung bei ihren Nachbarn halten – eine Politik, die von Jelzin und Gorbatschow erstaunlicherweise bedingungslos eingehalten worden ist und von Putin weiterhin eingehalten wird. Jeder der einst von der Sowjetunion dominierten oder gar der Sowjetunion zugehörigen Staaten konnte sich freiwillig der NATO anschließen, ohne von Russland in irgendeiner Weise sanktioniert zu werden. Nur bei der Ukraine hat das nicht mehr ganz so geklappt. Und da wird es in Zukunft auch feste Zusicherungen und Absprachen geben müssen. Dafür aber ist Europa noch nicht gut gerüstet.

Russland gilt im Westen zum Teil immer noch als ein möglicher Widersacher, ein potenzieller Störenfried, als eine nicht befreundete Macht. Und es wird noch einige Anstrengungen kosten, diese potenzielle Gegnerschaft abzulegen. Dazu gehört in erster Linie die Erkenntnis, dass Russland eben kein fremdes, sondern ein europäisches Land ist. Etwas, was der französische Staatspräsident General de Gaulle immer schon richtig einzustufen wusste. Wenn de Gaulle von Europa sprach, meinte er immer ausdrücklich das Gebiet »zwischen dem Atlantik und dem Ural«. Das umfasste zwar nur das europäische Russland, aber immerhin erkannte er Russland als europäisches Land. Auch heute gilt es zu erkennen, dass Europa dank Russland nicht am Ural endet, sondern bis an die chinesische Grenze reicht. Europa endet bei Wladiwostok an den Gestaden des Pazifischen Ozeans. Auch daran wird man sich gewöhnen müssen.

Dass Putin gerade im Fall der Ukraine so heftig reagierte, hat schon einen besonderen Grund. Russland hätte es nämlich ohne die Ukraine wahrscheinlich nie gegeben. Die slawische Völkerschaft, die sich rund um das Jahr 1000 zusammenfand, sammelte sich zunächst an den Flüssen Wolga und Dnepr, aber ohne sich als eigenes Volk zu verstehen oder gar eine eigene staatliche Organisation anzustreben.

STRASSEN DES HANDELS, STRASSEN DER MACHT

Auf den beiden Flüssen drangen von Norden her Skandinavier, die über die Ostsee kamen, nach Süden vor. Ihr Ziel war es, über die Flussverbindungen bis an das Byzantinische Reich, bis nach Konstantinopel vorzustoßen. Um diese Zeit galt Konstantinopel als Ostrom. Das heißt als der östliche Teil des bis dahin den ganzen Mittelmeerraum dominierenden Römischen Reiches. Als dieses zusammenbrach, etablierte sich in Konstantinopel ein neuer römischer Kaiser, ein eigener Herrscher über den östlichen Teil des Römischen Reiches.

Und Konstantinopel hatte das geografische Glück, genau an den wichtigsten Handelsrouten der damaligen Zeit zwischen Europa und Asien ebenso wie zwischen Europa und Afrika zu liegen. Der wichtige Fernhandel zwischen Europa und Asien, besonders mit China, wurde über Konstantinopel abgewickelt. Und hier endete in Wirklichkeit die Seidenstraße, jene gewaltige Karawanenverbindung zwischen China und Europa. Die wertvollen und in Europa ungemein geschätzten Seidenstoffe und das ebenfalls in Europa sehr bewunderte Porzellan wurden in Konstantinopel zum Tausch und zum Verkauf angeboten. Wer Seide und Porzellan erwerben wollte, der musste nach Konstantinopel. So wurde Konstantinopel ein Hauptziel für den europäischen Fernhandel, das nahmen schon die Wikinger zur Kenntnis, und mit ihnen und nach ihnen all die Völkerschaften aus dem Raum der Ostsee. Und diese skandinavischen Völker bemühten sich um die Erschließung von Handelsrouten von und bis Konstantinopel.

Auf dem Weg dorthin trafen diese Skandinavier auf die slawische Völkerschaft, die sich in dem Raum zwischen Kiew und Nowgorod befand. Um die angestrebte Handelsroute von der Ostsee nach Konstantinopel abzusichern, schien es den Skandinaviern wichtig, die Slawen dort staatlich zu organisieren. Wohl in der Hoffnung, mit einem slawischen Staatsgebilde haltbare Verträge zu vereinbaren und deren Sicherheit zu garantieren. Das gelang den Skandinaviern recht bald. Unter ihrer Führung und unter Nutzung ihrer Erfahrungen in der Erstellung eines Staatsgebildes waren die Slawen durchaus bereit, sich selbst in einem Staat zu organisieren. Das gelang zuerst im Raum von Kiew und wurde sehr bald ergänzt durch eine slawische Staatsgründung auch im Raum Nowgorod. Nowgorod hatte eine besonders wichtige Rolle zu spielen. Von Nowgorod aus drangen die sogenannten Kosaken nach Osten vor, nach Sibirien.

DIE KOSAKEN

Die Kosaken waren kein eigenes Volk. Das waren Männer, die ihre Freiheit zu schätzen und zu verteidigen wussten. Sie schlugen sich durchs

Leben und waren auch bereit, dafür viel auf sich zu nehmen. Nowgorod und besonders dessen Hinterland in Sibirien war für die Kosaken ein besonderes Ziel. Sibirien – ein ungeheuer großes Land, dessen Ende im Osten noch gar nicht absehbar war. Und ein fast durchwegs von dichtem Wald bewachsenes Land – ein Urwald, der sich vom Uralgebirge bis zum Pazifischen Ozean erstreckte. In dem Wald lebten zahlreiche Arten von Tieren, und einige davon galten als besonders wertvoll, denn ihre Felle, ihre Pelze waren von besonderer Schönheit und Qualität und wurden daher überall in Europa besonders geschätzt. Die Kosaken wussten das für ihr eigenes Leben auszunützen. Sie jagten diese Tiere, beraubten sie ihrer Felle und boten diese in Nowgorod zum Verkauf an. Nowgorod wurde damit zum Umschlagplatz für die besonders wertvollen Felle von Zobel, Hermelin und Nerz. Die Kosaken aber zogen auf der Suche und der Jagd nach diesen Tieren quer durch Sibirien und ließen sich an geografisch besonders wichtigen Stellen Sibiriens auch nieder und gründeten provisorische Siedlungen.

Dieser Naturreichtum Sibiriens blieb natürlich auch den asiatischen Völkern nicht verborgen. Es waren die Chinesen, die ebenfalls recht bald nach Sibirien vorstießen und entschlossen waren, sich von dieser Landmasse doch ein erhebliches Stück untertan zu machen. So kam es zur Begegnung der Kosaken mit den Chinesen, und den Kosaken wurde bald klar, dass sie sich ihre Jagdgründe nicht nehmen lassen sollten. Diese Kosaken hatten eine besondere Beziehung zu den russischen Herrschern, dessen höchster Repräsentant sich Zar nannte, was gleichzustellen war mit den in Europa herrschenden Kaisern und Königen.

Es waren die Kosaken, die die russischen Zaren immer bei guter Laune zu halten versuchten – durchaus zum Eigennutz. Denn die Kosaken als freie Männer, die sich jeder Bevormundung entzogen, waren ständig den Ordnungskräften des Zaren ausgesetzt – wurden nicht selten gefangen, der Landstreicherei und der mit dieser Hand in Hand gehenden Plünderei und des Diebstahls angeklagt und verurteilt. Um diesen strengen Zugriffen zu entgehen, waren die Kosaken bemüht, die zaristischen Behörden durch Geschenke, hauptsächlich wertvolle Pelze aus Sibirien, zur Milde zu bewegen, und selbst den Zaren machten sie großzügige Geschenke von Zobel- und Nerzfellen. Dafür aber erbaten sie auch zaristische Hilfe für ihre Vorstöße in Sibirien, vor allem auch für die Verteidigung ihrer Ansprüche auf die sibirischen Jagdgründe.

Es kam, wie es kommen musste. Der Zar war bereit, den Kosaken zur Seite zu stehen, und im 13. Jahrhundert stieß eine zaristische Schutztruppe tief nach Sibirien vor, wo sie nach einiger Zeit erste Kontakte mit einer chinesischen Invasionsarmee bekam. Diese Chinesen wussten genau, wozu sie berufen waren. Sie sollten russische Truppen abwehren, falls diese versuchten, sibirischen Boden zu okkupieren. Der Auftrag kam direkt vom chinesischen Kaiser. Dieser wusste, dass das seinen Truppen nicht leichtfallen werde, ihre sibirischen Ansprüche gegenüber den Russen durchzusetzen. Und er rechnete deshalb damit, dass es zwischen seinen chinesischen Soldaten und den Russen irgendwann irgendwo zu mehr oder weniger freundlichen Begegnungen kommen würde. Um sie dafür zu rüsten, beauftragte der Kaiser zwei an seinem Hof dienende russische Geistliche, sich den Truppen anzuschließen und im Falle einer Begegnung mit den Russen ihnen als Dolmetscher zur Verfügung zu stehen.

Zu dieser Begegnung kam es östlich des Baikalsees. Und die Chinesen beauftragten die beiden russischen Geistlichen, den Kontakt mit den Russen aufzunehmen, vor allem aber dabei auszuforschen, wie stark die russischen Truppen wären. Je nachdem würden sich dann die Chinesen verhalten. Die beiden Priester kamen diesem Auftrag nach. Sie schlugen sich bis in das Hauptquartier der Russen durch. Sie waren geübt genug, um zu erkennen, dass die Russen nur mit schwachen Kräften ausgerüstet waren und im Falle einer kriegerischen Auseinandersetzung den Chinesen in jedem Fall unterliegen würden. Sie besprachen das untereinander und berieten, ob es klug wäre, den Chinesen die Wahrheit zu berichten. Und sie rechneten damit, dass im Falle einer bewaffneten Auseinandersetzung die Russen von den Chinesen in die Flucht geschlagen würden. Die beiden Popen kamen kurz in einen Gewissenskonflikt: Als Gehilfen des chinesischen Kaisers hätten sie jetzt den chinesischen Truppen die Wahrheit zu berichten: Die Russen wären mit Sicherheit zu besiegen. Als christliche Priester aber hätten sie wohl auch die Pflicht, ihre russische und vor allem christliche Heimat zu schützen und christliche Bürger vor der Niederlage zu retten. Sie entschieden für Russland und die Orthodoxie – sie kehrten in das chinesische Lager zurück und berichteten von einer riesigen russischen Streitmacht, der die Chinesen ganz bestimmt unterliegen würden. So rieten sie den Chinesen, mit den Russen doch zu verhandeln und mit ihnen das Einvernehmen herzustellen. Praktisch hieß das, den Russen halb Sibirien auszuliefern. Denn billiger würden es die Russen nicht hergeben. Und sie gaben es auch nicht her. In den nun folgenden Verhandlungen zwangen die Russen den Chinesen die Zusicherung ab, Sibirien östlich des Baikalsees als russisches Einflussgebiet zu respektieren. Der Vertrag von Aigun gilt heute in China als ein Kapitulationsvertrag, also ein russischer Betrug an China. Eigentlich sollte man sich durch den Vertrag nicht gebunden fühlen. Eigentlich stünde China das Recht zu, Sibirien östlich des Baikalsee für China zu beanspruchen. Das ist einer der Punkte, bei denen es zwischen China und Russland heute noch Auseinandersetzungen und Streit gibt.

Für die Russen aber war es damals eindeutig ein Geschenk, die Kunde davon brachten die

Kosaken nach Hause, und der Zar dankte ihnen für ihren Einsatz in Sibirien.

Die Kosaken stießen damals auch noch viel weiter nach Osten vor, und sie erreichten den Fluss Amur. Er floss in Richtung Pazifik. Eine ganz wichtige Erkenntnis. Denn wäre der Fluss Amur breit und tief genug, um Hochseeschiffe aufzunehmen, so könnte die russische Flotte, sobald sie einmal bis nach Ostasien vorgestoßen war, auf dem Amur nach Sibirien gelangen. Für eine spätere Besiedlung Sibiriens wäre dies von ungeheurem Vorteil.

WEM GEHÖRT SIBIRIEN?

Das erkannte man auch in Petersburg, nachdem die Kosaken den Vertrag von Aigun 1858 nach Hause gebracht hatten. Und am zaristischen Hof kam es zu lebhaften Debatten, ob und wie Sibirien an sich und besonders der östliche Teil von Russland beansprucht und besiedelt werden sollte. Der russische Kapitän Gennadi Iwanowitsch Newelskoi und der russische Gouverneur Nikolai Nikolajewitsch Murawjow heckten einen Plan aus. Newelskoi würde sich nach Fernost begeben und versuchen, nach Sachalin zu geraten – Sachalin, wo befand sich das? War das ein Teil Sibiriens oder war es eine Insel? Gehörte es zu Japan? Das schien den Russen sehr wichtig, denn das sollte auch darüber entscheiden, was Russland mit der Ostküste

Sibiriens anzufangen gedachte. Murawjow sollte all dies herausfinden. Wenn möglich aber sollte er an die Mündung des Amur vorstoßen und herausfinden, ob der Amur für Meeresschiffe schiffbar sei. Und wie weit man auf diese Weise nach Sibirien vorstoßen könnte. Von all dem möge das weitere russische Vorgehen am Pazifik bestimmt werden.

Um es kurz zu machen, Newelskoi erfüllte seine Aufgaben. Und Murawjow wartete ungeduldig auf seine Nachricht. Um diese so bald wie möglich zu erhalten, schickte Murawjow einen Kurier nach Sibirien, an den Amur. Dort sollte dieser, wenn möglich, auf Newelskoi treffen und dessen Bericht so rasch wie möglich nach Petersburg bringen.

Der Kurier Murawjows hatte sich in der Nähe der heutigen Stadt Chabarowsk niedergelassen und hoffte auf eine möglichst baldige Ankunft Newelskois. Lang hatte er nicht zu warten, da erschien ein russischer Dampfer am Amur, und an Bord befand sich Newelskoi. Der Kurier versuchte, dem Schiff so nahe wie möglich zu kommen, an der Reling stand Newelskoi, und er rief die wichtigste Nachricht dem Kurier zu: »Sachalin ist eine Insel, und der Amur ist schiffbar!« Ja, das war ganz entscheidend für das künftige Engagement Russlands im Fernen Osten. Wenn Sachalin eine Insel war, gehörte es wohl nicht zu Japan und stand für Russland zur Eroberung offen. Und wenn der Amur schiffbar war, würde man bald mit dem Eintreffen russischer Hochseeschiffe in Ostsibirien rechnen können.

Das also ist Teil der russischen Geschichte in Sibirien. Heute fragt man sich, ob Russland Sibirien erschlossen hat, um es für sich in Besitz zu nehmen. Denn selbstverständlich war das nicht. Niemand hatte zuvor die Grenzen Russlands in Asien abgesteckt. Jetzt ging es darum, ob Russland willens war, diese riesige Landmasse in Besitz zu nehmen, und wenn, was sollte damit geschehen?

Auf diese Frage gab es bald mehrere Antworten. Die Kosaken waren froh und stolz, dass sie Sibirien bis »zu seinem Ende« erkundet und auch schon halbwegs erforscht hatten. Auf die Kunde der Kosaken reagierten relativ viele Russen und machten sich auf den Weg, um sich in Sibirien niederzulassen. Dort gab es doch offenbar viel Land, das es zu roden galt und das fruchtbar genug war, um es zu besiedeln und Ackerbau zu betreiben. Und es gab auch einen entschlossenen russischen Befehlshaber, den General Murawjow, dem man bald einen zweiten Namen anhängte: »Amurski«. Er hatte es sich zum Ziel gesetzt, die Ufer des Amur zu besiedeln, zumindest das linke Ufer, ehe es die Chinesen taten. Und Murawjow-Amurski griff zu außerordentlichen Mitteln, um seine Pläne zu erfüllen. Er wusste, dass die russischen Behörden es liebten, ihre Kleinverbrecher und politischen Gegner nach Sibirien zu verbannen. Schon gab es in Sibirien einige Lager für die solcherart Verurteilten. Murawjow-Amurski war es egal, weshalb die Menschen in die Lager dort verbracht worden waren. Er dachte nur daran, wie man das linke, nördliche Ufer des Amur so schnell wie möglich besiedeln könnte, um es nicht den Chinesen zu überlassen.

Und so kam es zu den später berühmt gewordenen Murawjow-Amurski-Hochzeiten. Murawjow ließ die Lager öffnen, und zwar nicht nur die Lager mit männlichen Insassen, es gab auch einige mit weiblichen Insassen. Murawjow ließ die freigesetzten Frauen entlang des Ufers des Amur antreten. Dann brachte er die freigelassenen Sträflinge aus den Lagern und gab ihnen einen Befehl: »Rennt alle los und sucht euch je eine Frau, jeder packt sich eine und darf sie mitnehmen!« Das ließen sich die Sträflinge nicht zweimal sagen. Sie rannten los und packten sich die Frauen. Damit waren sie praktisch auch schon verheiratet. Denn mit diesen Frauen sollten sie nun das linke Ufer des Amur besiedeln. Das taten sie auch.

Heute ist man auf diese Murawjow-Amurski-Hochzeiten stolz, besonders in Chabarowsk, der Stadt, die von diesen Häftlingen gegründet worden war. Heute eine russische Stadt, und man muss dort lange suchen, um in der Menge irgendwo irgendwann ein mongolisches oder chinesisches Gesicht zu finden. Nein, Chabarowsk ist so europäisch wie Kiew oder Nowgorod.

KOLONIALES STREBEN

Die russischen Geschichtsforscher beschäftigen sich heute nicht mehr mit der Frage, was Russland in Sibirien zu suchen hatte. Nein, um diese Zeit trachtete fast jede europäische Macht danach, irgendwo auf der Welt eine Kolonie zu finden. Engländer und Franzosen waren dabei besonders tüchtig und erfolgreich. In wenigen Jahren gelang es ihnen, beinahe ganz Afrika unter sich aufzuteilen. Und beide waren auch dabei, am anderen Ufer des Atlantik Kolonien zu gründen. Die *Pilgrim Fathers* waren es, die an der Küste der heutigen USA an Land gingen und dort ihre ersten Blockhäuser bauten. Ziemlich bald gefolgt auch von den Franzosen, die etwas weiter westlich ihr Glück versuchten – an der Mündung des Mississippi, dort, wo heute New Orleans steht, gründeten sie die französische Kolonie »Louisiana«. Es gelang ihnen nicht restlos, hingegen waren sie im Norden glücklicher. In Kanada zeugen die Namen von Quebec und Montreal von den französischen Erfolgen der damaligen Zeit. Den Russen hingegen stand eine Kolonie in unmittelbarer Nachbarschaft zur Verfügung: Sibirien.

Und es ist bemerkenswert, dass die Russen in Sibirien genau das Gleiche machten wie die Engländer und Franzosen in Amerika: Sie nahmen das Land in Besitz, sie brachten die ersten Siedler mit und sorgten dafür, dass diese dort Land urbar machten, um später darauf Dörfer und Städte zu bauen. Russland hat Sibirien genau auf die gleiche Weise erschlossen, wie dies den Engländern, gefolgt von vielen anderen Europäern in Amerika, gelang. Und so wie diese in Amerika schließlich eine gewaltige europäische Kulturnation schufen, so gelang dies auch den Russen in Sibirien. Alle Städte im heutigen Sibirien wurden von Russen gegründet, von Russen besiedelt und sind heute russische, das heißt europäische Städte. Wer das bezweifelt, muss sich heute nur nach Nowosibirsk begeben, der größten Stadt in Zentralsibirien. Das Wichtigste in Nowosibirsk ist das sich dort befindliche russische Opernhaus.

Es hat eine besondere Geschichte: Während des Zweiten Weltkriegs hatten sich in Nowosibirsk viele aus Russland kommende Flüchtlinge angesiedelt. Sie fühlten sich hier bald zu Hause. Aber einiges ging ihnen ab – es gab hier kein Bolschoitheater, kein Ballett und keine Oper. So dachten sie daran, sich selbst ein Opernhaus zu bauen. Der Beschluss wurde mitten im Zweiten Weltkrieg gefasst – und in die Tat umgesetzt. Die Architekten dachten daran, das Gebäude schnell und sehr stabil zu bauen. Irgendeiner von ihnen kam auf die Idee, die Mauern dieses Opernhauses nicht mit gewöhnlichem Beton zu errichten, sondern mit Zement, der besonders haltbar sein sollte, und sie appellierten an die Bevölkerung, doch so viele Hühnereier wie möglich zu sammeln und für das Opernhaus zu opfern. Der Beton wurde mit Eiklar hergestellt, und das Opernhaus von Nowosibirsk wird heute als das Gebäude gezeigt, für das die Einwohner ihre Frühstückseier geopfert haben.

Das Opernhaus bedient übrigens alle Sparten der Kultur. Als ich dort war, wurde Goethes *Faust*, und zwar beide Teile, gespielt. Auf der Seite der leichten Muse gab man gerade den *Zigeunerbaron* von Johann Strauss Sohn und Rossinis *Barbier von Sevilla*. Aber natürlich stehen auch alle großen russischen Schriftsteller in den Programmen des Opernhauses, wie Alexander Puschkin, Michail Bulgakow, Fjodor Dostojewski, Nikolai Gogol, Boris Pasternak, Alexander Solschenizyn, Anton Tschechow, Wladimir Nabokov, Lew Tolstoi und Iwan Bunin – übrigens der erste russische Schriftsteller, der mit dem Nobelpreis für Literatur ausgezeichnet wurde; Maxim Gorki, Michael Scholochow, auch ein Nobelpreisträger, Wladimir Majakowski, Marina Zwetajewa und Swetlana Alexijewitsch, die ebenfalls mit dem Nobelpreis ausgezeichnet wurde.

Auch die großen russischen Komponisten stehen auf dem Programm, wie: Pjotr Iljitsch Tschaikowski, Dmitri Schostakowitsch, Gawriil Nikolajewitsch Popow, Sergei Rachmaninow, Igor Strawinsky, Modest Mussorgski, Nikolai Rimski-Korsakow.

Das Opernhaus in der sibirischen Hauptstadt Nowosibirsk – ein Wahrzeichen europäischer Kultur.

Sibirien – Russlands einzige, aber dafür sehr große Kolonie. Besiedelt von vielen Russen, die ihre Heimat aus den verschiedensten Gründen verließen, um sich im neuen Land niederzulassen. Unter anderem viele Bauern, die mit dieser Flucht nach Sibirien der Leibeigenschaft entkommen konnten. Unbestritten ist auch, dass zahlreiche Verbannte in Sibirien freikamen, oft unter der Bedingung, sich in Sibirien anzusiedeln. Später wurde sich der Staat seines Besitzes bewusst und versuchte, auch viele Menschen zu bewegen, nach Sibirien zu gehen. Unter Nikita Chruschtschow, also bald nach Stalins Herrschaft, wurden sämtliche Absolventen russischer Hochschulen verpflichtet, die ersten zwei Jahre nach dem Abschluss in Sibirien zu verbringen. Zweifellos in der Annahme, dass nicht wenige nach zwei Jahren dort auch bleiben würden. Und so manche, die man heute in Sibirien trifft, bestätigen dies. Hier hätten sie sich viel freier bewegen und entwickeln können als im europäischen Russland. Petersburg und danach Moskau waren weit, und mit ihnen die Staatsorgane, vor allem auch die Staatspolizei. Zweifellos war sie auch in Sibirien vorhanden, aber irgendwie verhielten sich die russischen Geheimdienste hier anders als im europäischen Russland. Jedenfalls fühlten sich die Menschen hier nicht so eng überwacht wie daheim in Moskau oder Kiew oder Nowgorod.

Eines jedenfalls fällt auf: Nie zuvor gab es irgendeinen staatlichen Auftrag, Sibirien zu besiedeln und es solcherart auch zu einem russischen Staatsgebiet zu machen. Sibirien – das war für die Zaren und auch für deren Nachfolger, die kommunistischen Funktionäre, sozusagen das Hinterzimmer Russlands, in das man alles entsenden und verpacken konnte, was man im europäischen Russland nicht gebrauchen oder nicht dulden wollte.

In der Moskauer Tretjakow-Galerie ist ein Bild ausgestellt, das über die Entwicklung und Zukunft Sibiriens sehr viel aussagt. Das Bild trägt den Namen »Wladimirska« – Wladimir, so heißt eine Stadt östlich von Moskau. Auf dem Bild ist die Straße zu sehen, die von Moskau nach Wladimir führt. Deshalb nennt man sie auch Wladimirska, aber der Name und das Bild sagen etwas Besonderes aus. Auf dieser Straße traten jene Menschen, die aus Russland verbannt wurden, ihren Marsch nach Sibirien an. Die Wladimirska war der Anfang des Weges in ihre Verbannung. Doch das Bild erzählt noch mehr. Auf ihm ist zu sehen, dass neben der Straße ein schmaler Trampelpfad führt. Er wurde von Hunderten Menschen begangen und geformt. Menschen, die nicht auf der Straße gingen, sondern nur jene begleiteten, die auf der Straße dahinzogen. Es waren die Frauen der Gefangenen und Verbannten, die freiwillig mit in die Verbannung zogen, die ihre verurteilten Männer nebenherlaufend begleiteten.

Dieses Bild gibt nicht nur Zeugnis von der großen menschlichen Tragödie, die sich auf dieser Straße abgespielt hat, es ist gleichzeitig auch ein Ausweis für das, was die russischen Obrigkeiten in Sibirien vorhatten. Die Gefangenen hatten dort nicht nur Lager zu errichten, Wald zu roden, Felder anzulegen, sondern sie sollten Sibirien auch generell erschließen – sollten alles finden, was es in diesem Land an wertvollen Rohstoffen und Erzen gab. Ohne dass dies je zum Programm erhoben wurde, war dieses Zuchthausprinzip im Grunde genommen von Anfang an ein Staatsprogramm, ein Auftrag, eine Erwartung. Sibirien sollte erschlossen werden, und das sollte in jeder Hinsicht für Russland genutzt werden. Das hieß, Russland betrachtete und behandelte die riesige asiatische Landmasse in Asien so, wie andere Mächte Afrika oder Südamerika – Land, das es zu erobern galt, zu entwickeln, zu besiedeln und für das Mutterland auszunutzen. Sibirien sollte eine Kolonie Russlands werden. Aber so freiwillig wie britische und französische Bürger den Weg in die Kolonien ihrer Heimatländer antraten, so zwanglos ging das in Russland nicht zu. Zu schrecklich war die Vision Sibirien: endlose, dichte Wälder, die zwei Drittel des Jahres massiv zufroren und schneebedeckt waren und im restlichen Drittel des Jahres in einer dunstigen, nebelartigen Brühe untergingen, in der es vor allem Myriaden von Stechmücken gab, deren sich der Mensch kaum erwehren konnten. Wer sollte freiwillig da hinziehen? So verfügte man eben, dass nach Sibirien vor allem Strafgefangene zu verbannen seien. Aber man entdeckte recht bald, dass selbst von diesen Gefangenen nur wenig zu erwarten war, hätten sie nur eine Strafzeit in Sibirien abzubüßen. Nein, man musste sie sesshaft machen, sie hatten ihre eigenen Häuser und alle sonstigen zivilisierten Gebäude zu errichten. Und sie hatten vor allem auch dort zu leben. So ließ man es durchaus zu, dass die nach Sibirien Verbannten von ihren Frauen begleitet wurden. Für künftige Siedler war dies eine wichtige Voraussetzung. Und so ist das Gemälde in der Tretjakow-Galerie, die Wladimirska, nicht nur das Bildnis einer Straße, sondern Ausdruck eines plangesteuerten Wirtschaftssystems: Ziehet hin und macht Sibirien urbar, macht es zu einer Kolonie Russlands.

MOSKAUS ROHSTOFF-RESERVE

Es ist daher nicht vermessen zu behaupten, dass Sibirien von Russland in sehr ähnlicher Weise besiedelt und erschlossen wurde, wie etwa die Vereinigten Staaten von Amerika oder Kanada von Engländern und Franzosen und Lateinamerika von Spaniern und Portugiesen. Heute wohnen in Sibirien rund 40 Millionen Menschen, sie sind fast ausschließlich alle Russen, das heißt Europäer. So hat Europa in Asien seine Fortsetzung gefunden, es hat diesen Teil Asiens erobert und besiedelt, hat seine Rohstoffe und Erze gefunden und sich dienstbar gemacht und ist zu einem gewaltigen Hinterland Europas geworden. Das gilt es zu begreifen, wenn wir heute von Russland sprechen. Ja, Russland ist ein europäisches Land, aber es ist gleichzeitig auch der größte Staat der Welt. Der deutsche Philosoph und Schriftsteller Johann Gottfried Herder wurde einmal befragt, ob Russland ein europäischer oder ein asiatischer Staat sei, und seine Antwort ging in die Geschichte ein: »Dem größten Erdstrich nach zwar zu Asien, sein Herz aber liegt in Europa.«

Aber das wollte ich mir selbst ansehen. Ich wollte Sibirien besuchen, vorwiegend, um es zu verstehen, und das war kein so leichtes Unterfangen. Denn lange Zeit waren die sowjetischen Behörden bestrebt, die Vorgänge in Sibirien vor fremden Augen zu schützen. Wer Sibirien besuchen wollte, musste um ganz spezielle russische Visa ansuchen, und weil es an und für sich schon nicht leicht war, in der Sowjetunion als Ausländer zu reisen, galt es sicherzustellen, dass die offiziellen sowjetischen Stellen dabei behilflich waren. Ich war das von früheren Besuchen in der Sowjetunion gewohnt, mit dem Visum hatte man auch eine der großen Organisationen zu betreuen, deren Aufgabe es war, ausländische Besucher bei ihrer Reise durch die Sowjetunion zu begleiten. Notwendig war das schon deshalb, weil man als Ausländer es ansonsten schwer gehabt hätte, auf dieser Reise stets ein aufnahmebereites Hotel und entsprechende Nahrung zu finden. Auch diesmal wandte ich mich zuerst an die große Betreuungsagentur für Auslandsreisende in der Sowjetunion, die unter dem Namen Intourist gegen Bezahlung für Ausländer tätig ist. Aber da traf ich schnell auf eine Grenze.

MEINE REISE NACH SIBIRIEN

»Wenn Sie wissen wollen, was heute in Sibirien vor sich geht, sollten Sie Ihre Reise mit einem Besuch in Akademgorodok beginnen.« Diesen Rat gab mir ein sowjetischer Professor an der Akademie der Wissenschaften in Moskau. Auf den Karten der Sowjetunion suchte man vergeblich nach dem Namen Akademgorodok, fragt man nach Akademgorodok, so sind die Auskünfte über dieses Städtchen meist mangelhaft: Es liege in der Nähe der Stadt Nowosibirsk, seine Bewohner seien meist Gelehrte, Wissenschaftler, Professoren und Studenten. Was diese aber in diesem Städtchen machen, darüber gibt man keine sehr präzise Auskunft. Umso mehr wollte ich es mit eigenen Augen sehen und bemühte mich um die entsprechende Reiseerlaubnis.

»Akademgorodok!« Herr Lopatin hebt seine Augenbrauen. Herr Lopatin ist an diesem Tag Herr und Gebieter der sowjetischen Presseagentur Nowosti, die mir gegen Bezahlung bei der Überwindung der Hindernisse auf dem Weg nach Sibirien behilflich sein soll, aber der Zugang zu Akademgorodok wird nicht nur von der Bürokratie blockiert. »Das wird sehr schwer, kaum möglich sein« – das ist Lopatins Antwort auf mein Ersuchen, Akademgorodok in Sibirien aufsuchen zu wollen. Bei Intourist, dem großen sowjetischen Verkehrsbüro für die Betreuung von ausländischen Besuchern ist die Auskunft noch trister. »Akademgorodok steht nicht auf unserem Programm.« Aber gleich darauf die Frage: »Haben Sie denn ein Visum für Nowosibirsk«, denn das muss man haben – für jede sowjetische Stadt, die der Ausländer besuchen will, benötigt er eine ausdrückliche Erlaubnis und ein Visum. Das Visum für Nowosibirsk hatte ich bekommen, aber keines für Akademgorodok. »Dann«, so schließt der Leiter von Intourist, »dann sind wir für Sie nicht mehr zuständig.« Denn wer ein Visum für eine Stadt besitzt, für die Intourist keine Filiale hat und die damit automatisch für Ausländer als Sperrgebiet gilt, dem kann Intourist nicht weiterhelfen. So streng sind noch die Bräuche in Russland, was Ausländer betrifft. Und für Journalisten sind sie in manchen Fällen noch strenger oder aber sie werden manchen Behörden sogar erleichtert. Jedenfalls konnte mir Herr Lopatin zwei Tage später strahlend berichten: »Sie dürfen nach Nowosibirsk, und Sie dürfen auch nach Akademgorodok.« So soll gleichsam symbolhaft am Anfang dieses Berichtes die Begegnung mit dem Herzen Sibiriens stehen, mit seinem modernsten Herzen, mit dem, was manche Bürger heute als

»Russlands liebstes Kind« bezeichnen; mit einem kleinen Städtchen, von dessen Existenz nur die Fachleute wissen, und das doch ein Zentrum der modernen Eroberung Sibiriens darstellt. Dieses Städtchen trägt den Namen Akademgorodok, deutsch »Akademikerstädtchen«.

Die zweistrahlige Düsenmaschine der Type TU 104 ist nun schon einige Stunden unterwegs. Unter uns liegt Sibirien, es sieht zunächst genauso aus, wie ich erwartet hatte, das es aussehen würde: Von Horizont zu Horizont große dunkle Wälder, dazwischen die weitausholenden Mäander riesiger Flüsse, erstaunlich die große Zahl ihrer Zubringerflüsse, ab und zu ein kleinerer oder größerer See und – nach der Sonnenspiegelung auf dem Boden zu schließen, Sumpf, Sumpf und noch einmal Sumpf.

Und doch sieht es auch wieder anders aus, immer wieder wird diese Landschaft unterbrochen von Straßen, deren Böschungen noch das frische Rot des erst künstlich aufgeworfenen Bodens zeigen und die über viele Kilometer hinweg kerzengerade durch die Taiga laufen. Abzweigungen auch hier, sie führen nicht zu Dörfern, sondern stets zu Industriekombinaten, die ihre Existenz und Ausdehnung durch viele Schornsteine und weithin sichtbare Rauchfahnen verraten. Umgeben sind diese Kombinate mit den gleichen großen Wohnblocks, wie man sie auch in Moskau findet. Sie müssen von einem Architekten entworfen sein, von einer Fertigteilfabrik des gleichen Typus vorfabriziert und überall nach gleichem Muster aufgebaut worden sein: Eine Stadt für Tausende, vielleicht Zehntausende von Arbeitern, die wahrscheinlich erst vor wenige Jahren ihre europäische Heimstätte verlassen haben und hierhergezogen sind.

DER RUSSISCHSTE ALLER BÄUME

Für das Auge aber überwiegt doch der Wald. Und er hält, was sich der Europäer von einem sibirischen Wald verspricht, gewaltige dunkle Nadelbäume, vor deren Hintergrund – aus der Luft erkennbar – sich das Weiß des russischsten aller Bäume, der Birke, abhebt. Jetzt im Vorfrühling scheint die Taiga gar nichts Bedrohliches zu haben, die Birken haben ihr Laub noch nicht angesetzt, so kann man leicht jeden Stamm erkennen und meint, diesen Wald mit Leichtigkeit durchwandern zu können. Das trügt, erklärt mein Begleiter: »Im Winter müssen Sie gegen den Schnee ankämpfen, und das ist bei minus 50 Grad nicht sehr angenehm, und im Sommer fressen Sie die Mücken auf. Kennen Sie die sibirischen Mücken? Die haben schon manchen zum Wahnsinn getrieben. Sie brüten in den Sumpfgebieten der Taiga, und wer keinen fabelhaften Orientierungssinn besitzt, kann bei einem Ausflug in die Taiga sein Leben verlieren, denn nach dem Kompass lässt sich durch den Sumpf nicht so leicht marschieren.« Doch die Taiga, einst das beherrschende Kennzeichen Sibiriens –

optisch ist sie es auch heute noch –, gilt bereits als »erobert«. Davon zeugen nicht nur die Straßen, die sie durchziehen, nicht nur die Anlegeplätze entlang ihrer Flüsse, nicht nur die Industriekombinate, die sie heute beherbergt, davon zeugt auch gerade jenes Städtchen, das aufzusuchen ich nun im Begriff bin.

Ohne Ansage durch Stewardess oder Flugkapitän beginnt unsere Maschine einen recht schnellen und steilen Abstieg zur Landung, die Nähe des Flughafens kündigt sich an: Die geraden Straßen münden nun in ein Spinnennetz von Straßen, die zunächst von Gehöft zu Gehöft, dann von Häuserzeile zu Häuserzeile führen, die Häuser sind teilweise sehr alt, einstöckig und in schlechtem Zustand. Aber wie schlecht, das sollte ich in Kürze auf dem Boden sehen.

Wir setzen zur Landung auf dem Flughafen von Nowosibirsk an: Das ist die sibirische Zentrale. Es ist ein großer, ausgedehnter Flughafen, auf seinen Abstellpisten sind 60 bis 80 Maschinen, zwei- oder vierstrahlig, eine erstaunliche Anzahl von Flugzeugen. Nicht weit davon, wie auf fast allen sowjetischen Flughäfen, das Gewirr ein- und zweimotoriger Maschinen, die den Nahverkehr in die vielen Städte und Dörfer besorgen. Kein Wunder, dass die Taiga einen Teil ihres Schreckens verloren hat, denn der Mensch überspringt sie, modern die Ankunftshalle, ein riesiger Glaskubus verbreitet eigentlich die Atmosphäre, die Bahnhöfe ausstrahlen. Neben den Buffets und Tabakkiosken gibt es eine Reihe fahrbarer Verkaufsstände, auf denen wie auf einem Bahnhof den Reisenden belegte Brötchen, Süßigkeiten, Tee und anderer notwendiger Zeitvertreib angeboten werden. Das Gebäude wimmelt von Passagieren, vor den Kartenschaltern stehen sie dicht gedrängt in langen Reihen, ebenso vor den Toren, die zum Flugfeld führen.

Lautsprecheransage folgt auf Lautsprecheransage, bekannte Namen wie Irkutsk, Chabarowsk, Wladiwostok, aber auch solche, die den Westeuropäer noch immer etwas erstarren lassen, wie Norilsk, Jakutsk und Petropawlowsk-Kamtschatski. Und auffallend die große Zahl von Soldaten und Offizieren, wobei nur die Matrosen ihren Bestimmungsort schon auf der Kappe tragen, »Ticeookeanski Flot« – »Stille Ozeanflotte«, aber spätere Flüge zeigen mir, dass auch die Angehörigen anderer Waffengattungen diesen Weg nehmen, nach dem fernen Osten der Sowjetunion, an den Pazifik.

Wir besteigen ein Taxi, es soll uns quer durch Nowosibirsk nach Akademgorodok bringen, der Eindruck auf dem Boden bestätigt nur teilweise den aus der Luft. Weite Stadtbezirke von Nowosibirsk sind alt, noch aus Holz erbaut, ein ebenerdiges Holzhaus reiht sich neben das andere, manche blau und grün gestrichen, viele anmutig mit altrussischen Schnitzereien rund um die Fensterrahmen. Dazwischen Frauen, die auf langen Schulterstangen Kübel balancieren mit Wasser, das sie aus Brunnen und Hydranten holen. Die kleinen Häuschen im Hinterhof dieser Holzhäuser sind Beweise dafür, dass das 20. Jahrhundert mit seinen sanitären Errungenschaften noch keinen Einzug gehalten hat.

Mejsak, der hiesige Vertreter der Agentur Nowosti, ein Flieger und Kriegsheld, dem beide Beine durch Prothesen ersetzt sind und der mich jetzt begleitet, macht auch kein Hehl daraus. Auf einer Brücke lässt er den Wagen anhalten, fordert mich zum Aussteigen auf und meint: »Sehen Sie sich hier um. Das sind die ältesten Bezirke von Nowosibirsk.« So weit das Auge reicht Holzhäuser in desolatem Zustand. »Sie dürfen nicht vergessen, dass wir im Jahr 1945 hier fast nur Notquartiere hatten, für die Betriebe und ihre Arbeiter, die während des Krieges aus dem europäischen Russland hierher evakuiert worden sind. Heute hat Nowosibirsk fast zwei Millionen Einwohner.«

Erst in einigen Tagen werde ich wieder in diese Stadt zurückkehren, dann wird man mir auch die neuen Wohnbezirke, die neuen Fabriken und vor allem die neuen Hochschulen zeigen. Vorerst setzen wir unseren Weg nach Akademgorodok fort. Nicht ganz ohne Hindernis, auf der Fahrt werden wir zwei Mal von der Miliz, der Polizei, gestoppt, und unser Fahrer muss aussteigen. Kontrolle, weshalb aber die Kontrolle, darüber geben mir auch meine Begleiter keine Auskunft. Ich kenne jedoch diese Art von Kontrollen schon aus Moskau – wer die Stadt verlässt, muss bei den einzelnen Stationen der Miliz gemeldet werden. Wenn sie die Kennzeichen der Autos gemeldet bekommen haben, kann man anstandslos fahren. Ist der Wagen nicht gemeldet, so wird er aufgehalten, werden sein Ziel ebenso wie die Fahrtbegründung kontrolliert. Weshalb? Ich weiß es nicht.

Ebenso erstaunt mich, dass auf den Brücken, die wir passieren, und an den Bahngeländen bewaffnete Posten stehen. Endlich bekomme ich eine Erklärung für diese Posten. Vor vielen Jahren schon versuchte man, die damals für die ganze Sowjetunion geltende Bewachung aller Brücken aufzulösen. Aber man war nicht imstande, den Tausenden Männern neue Jobs anzubieten. So beschloss man, die Bewachung »vorläufig« fortzuführen. Seither hat niemand versucht, sie wieder aufzulösen.

SIBIRIENS LEBENSADER

Eine gute Strecke fahren wir entlang der Gleise der Transsibirischen Eisenbahn. Es fällt auf, wie dicht diese Verkehrsstrecke befahren ist, immer wieder stoßen wir auf Schranken, die geschlossen sind, weil gerade Züge passieren. Endlose Güterzüge, beladen mit Maschinen, Lastwagen, Traktoren, Spezialgeräten, und andere mit Fertigbauteilen, schon gerahmten Fenstern. Endlos rollen Waggons, voll beladen mit Kohle, endlos auch mit Holzladungen. Die Transsibirische Eisenbahn war schon vor einem Jahrhundert erbaut worden, beweist mehr denn je, dass sie die Pulsader, der Lebensstrom Sibiriens ist, ungeachtet der vielen Flugzeuge, die ihr heute Konkurrenz machen.

Auf einer zweibahnigen Autostrada tauchen wir in die Taiga ein, auch auf dieser Autobahn ist der Lastwagenverkehr sehr dicht, und wir überholen in rascher Folge viele Lkw, auch sie sind schwer beladen. Links und rechts der Bahn aber steht die Taiga mit ihren dunklen Föhren und Tannen, ihren lichten Birken und ihrem jetzt erkennbaren starken Unterholz.

Ich knüpfe keinerlei Erwartung an den Namen Akademgorodok, ich weiß nur, dass es ein Gelehrtenstädtchen sein soll, unweit von Nowosibirsk mitten in der Taiga.

Und so ist meine Überraschung groß, als wir von der Autobahn abbiegen, ein großes Straßenschild passieren, auf dem neben dem Namen Akademgorodok auch die Parole zu lesen ist »Slava nauke!« – »Es lebe die Wissenschaft!«, und was sich hinter der nächsten bewaldeten Straßenbiegung auftut, sind moderne Häuserblocks, bis zu zwölf Stock hoch, niedrige Glaspaläste, deren Funktion ich noch nicht kenne. Moderne Fußgängerbezirke, Supermärkte, breite Boulevards, auf denen sich ein Strom junger Menschen bewegt, ein Stück moderne Großstadt mitten in der Taiga. Wir passieren einen der größten Gebäudekomplexe. »Das ist unser Rechenzentrum, es ist vollgestopft mit Elektronik«, fügt der Dolmetscher lachend hinzu. Aber zwei Tage später weiß ich, dass das kein Scherz ist. Hier befindet sich eines der größten elektronischen Rechenzentren Russlands, und im Laufe der nächsten Tage werde ich zu Gesicht bekommen, was die lang gestreckten Gebäude noch beherbergen.

Unser Wagen biegt jetzt von der Hauptallee ab, kommt vor einem siebenstöckigen Gebäude zu stehen. Wären wir im Westen, würde ich auf ein Hotel tippen! »Sie können das ruhig auch hier tun«, meint mein Begleiter, »das ist Ihr Hotel, und es hat einen schönen Namen, *Zolotaya Dolina, Goldenes Tal.*« Fast erübrigt es sich, dieses Hotel zu beschreiben, denn es unterscheidet sich nur wenig von den Hotels im Westen, ein Foyer in Glas, eine Rezeption in getäfeltem Holz, ein Vestibül mit großen, bequemen Polstermöbeln, ein Zeitungsstand und ein Andenkenladen, Wegweiser wie »Zur Post«, »Telefon«, »Zum Restaurant«, alle in zyrillischen Lettern und in russischer Sprache. Was das Entree versprach, hält auch mein Zimmer oder besser gesagt meine Zimmer, ein modern eingerichteter Sitzraum, dahinter ebenso modern Schlafraum und Badezimmer. Alles ist da, was auch westliche Komfortansprüche zufriedenstellen würde. Die breiten Fenster erlauben den Blick über einen Teil von Akademgorodok, auf eine Fußgängerallee, die an der Hauptpost aus Glas vorbei zu einem in dunklem Glas gehaltenen Supermarkt und zu einem Springbrunnen zum Zentrum führt – welch ein Unterschied zu den

Holzhäusern in Nowosibirsk, die wir vor Kurzem passiert hatten.

In knappen Worten wird mir nun die Funktion dieser Stadt geschildert. Hier leben 50 000 Menschen, die meisten sind Wissenschaftler und ihre Angehörigen, der Rest Studenten und Schüler, Akademgorodok ist rund 50 Jahre alt. Der Beschluss, es zu erbauen, wurde 1957 gefasst, und seit 1961 wohnen hier Menschen. Wohnen und arbeiten an insgesamt sechzehn großen Instituten. Jedes dieser Institute hat Spezialaufgaben der Wissenschaft zu lösen, alle diese Aufgaben sind mit Sibirien eng verbunden. Hier werden die wissenschaftlichen, technischen, industriellen, wirtschaftlichen, ja auch physiologischen und biologischen Probleme Sibiriens gelöst. Akademgorodok ist durch tausend Fäden mit der sibirischen Praxis verbunden. »Sie brauchen hier gar nicht nach der Gegenwart Sibiriens zu fragen, man würde Sie kaum verstehen. Hier haben Sie die Fragen danach zu stellen, was in 10 oder 20 Jahren in Sibirien sein wird«. Es ist klar: Ich befinde mich inmitten des größten wissenschaftlichen Trustes Sibiriens, wenn nicht sogar ganz Russlands. »Sie haben vollkommen recht, eine solche Zusammenballung menschlicher und wissenschaftlicher Potenzen gibt es in dieser Form und in dieser Konzentration kaum noch irgendwo sonst in der Sowjetunion. Aber nach dem Muster Akademgorodok werden bereits die wissenschaftlichen Zentren in der Nähe von Moskau und Petersburg gebaut.

Die praktische Erfahrung für diese Städte wird hier gesammelt.«

Ein erster Spaziergang durch Akademgorodok zeigt, dass ich vom Auto aus nur einen kleinen Teil dieses Städtchens gesehen habe, man hat die einzelnen Bezirke, man nennt sie Mikrorayons, verstreut in die Taiga hineingebaut. Sie sind nicht durch gradlinige Straße verbunden, sondern in einem großen Bogen, die Taiga, die dazwischenliegt, verwehrt den Blick von Haus zu Haus. Durch die Wälder aber führen Fußgängerwege, die die Distanz von Gebäude zu Gebäude auf 10 bis 15 Minuten Gehzeit raffen. Die Menschen, denen ich auf diesen Wegen begegne, sind von einem besonderen Typus, oder so scheint es mir wenigstens: fast durchwegs jung, mit raschem, intelligentem Blick, modern nicht nur in ihrer Kleidung, die einen höheren Lebensstandard zeigen. Denn bald habe ich in Gesprächen festzustellen, dass man es hier mit der geistigen Elite der Sowjetunion zu tun hat. Englisch, Deutsch, Japanisch sind geläufige Zweitsprachen, die Bücher in den Klubs und Cafés gehören zu den neuesten Werken der wissenschaftlichen Fachliteratur.

Akademgorodok – langsam beginnt es nicht nur in seinen äußerlichen Formen für mich Gestalt anzunehmen, langsam beginnt sich auch das, was man als Russlands liebstes Kind bezeichnet hat, zu fügen und vielleicht deshalb trachtet man, es vor vielen fremden Blicken zu schützen. Denn die Mauern aus Glas und Beton, wenn auch von Föhren abgeschirmt, sie bergen den Schlüssel zur Gegenwart und Zukunft Sibiriens.

Am nächsten Morgen zeigt sich Sibirien von seiner freundlichsten und schönsten Seite. Der erste Blick lässt mich vergessen, dass ich mich in einer Stadt befinde. Die dunklen Föhren und Fichten stehen dicht aneinander, aufgehellt nur durch das Weiß der Birken und das Strahlen der Sonne, das durch die Baumkronen dringt. Kein Zweifel, ich befinde mich im sibirischen Urwald, in der Taiga. Erst als ich den Blick nach oben richte, bemerke ich die Zivilisation, die Wipfel werden von Hochhäusern überragt.

FLUSS DER VERBANNTEN

»Wir können zu Fuß gehen, das Gebäude des Gelehrtenrates ist nur zehn Minuten entfernt, am besten wir gehen durch die Taiga«, meint der Dolmetscher, der mich zum Gelehrtenrat bringen soll. Der Boden ist noch hart gefroren trotz Sonne. »Der Winter dauert hier sechs Monate«, stellt mein Begleiter fest, »aber in zwei Wochen werden wir im Obschen Meer baden können.« Das Obsche Meer ist ein großer Stausee, etwa 185 Kilometer lang und 25 Meter tief, der vor etwa 60 Jahren entstand, als man den Fluss Ob durch einen gewaltigen Staudamm bei Moskau zurückdrängte.

Der Ob – war er nicht einst der Fluss der Verbannten und Deportierten? Hatte nicht auch

Stalin Zehntausende in den Sümpfen der Urlandschaft dieses Stromes zugrunde gehen lassen? Aber in Akademgorodok spricht man nicht über die Vergangenheit.

»Im Winter fällt hier das Thermometer – wenn es nicht einfriert – bis auf minus 60 Grad«, setzt mein Begleiter unbekümmert fort. »Im Sommer steigt es auf plus 35 und noch höher, aber der Wechsel geht oft über Nacht vor sich, und während die Flüsse und Seen noch zwei Zentimeter dicke Eisflächen tragen, kann man am Ufer schon in Badehose und Bikini herumlaufen. Die Kälte hat man in Akademgorodok schon bezwungen. Sämtliche Gebäude werden von einem Fernheizwerk mit Wasser und Wärme versorgt, nur auf den ersten Häusern sieht man noch Kamine.

Wir haben das Gebäude der Akademie der Wissenschaften erreicht. Wie auch in Moskau ist dieser Sitz der Wissenschaften ebenfalls nicht so ohne Weiteres zu betreten. Hinter den gläsernen Flügeltüren steht eine Frau in Uniform, die Pistole am Gürtel. Jeder Besucher wird kontrolliert, aber mein Begleiter verfügt über die richtigen Papiere. Wir dürfen passieren.

Es begrüßt mich der Sekretär des Gelehrtenrats Elmar Antonow in einem modern eingerichteten Sitzungszimmer. An den Wänden dieses Raumes hängt neben dem Stadtplan von Akademgorodok eine große Landkarte von Sibirien, mit vielen taktischen Zeichen versehen. »Sehen Sie, mit Sibirien konnte niemand fertigwerden«, erklärt der junge, lebhafte Wissenschaftler, wendet sich der Karte zu und legt die Hände mit gespreizten Fingern darauf. »Aber mindestens zwei Drittel aller Bodenschätze und der gesamte Reichtum Russlands liegen hier«, und seine Finger fahren die Karte entlang. »Was man bisher versucht hat, war ein Kampf gegen Windmühlen, ähnlich jenen, gegen die Don Quichotte gekämpft hat. Es gibt nur eine Möglichkeit, mit Sibirien fertigzuwerden, und diese Möglichkeit schafft allein die Wissenschaft in Zusammenarbeit mit der Technik. Neben jedem Menschen in Sibirien hat ein Computer zu stehen, nur so werden wir dieses Land besiegen.«

Das war temperamentvoll vorgetragen. Doch Herr Antonow bleibt nicht bei der Theorie: »Deshalb wurde Akademgorodok geschaffen. Sie werden es nicht glauben, aber die sibirische Abteilung der Akademie der Wissenschaften existiert erst seit 1957. Genau genommen haben wir erst damals begonnen, Sibirien richtig zu erschließen, und zwar auf wissenschaftlichen Grundlagen.«

Was Herr Antonow nicht sagt, was mir aber andere, die es wissen müssen, ausführlich dargelegt haben, ist die Tatsache, dass der sowjetische Staat die Unsinnigkeiten der Erschließungsmethoden Sibiriens erkannt hat. »Mit Deportierten und Gefangenen, mit Sklavenarbeit konnte das Land nicht bezwungen werden. Die Lager kosteten bedeutend mehr als heute die freien Arbeitskräfte, die Gefangenen leisteten viel weniger.« So hat man erst nach Stalin die Wirtschaft und Technik in großem Ausmaß mobilisiert, um Sibirien zu unterwerfen. Herr Antonow führt weiter aus: Welches Problem auch immer man in Sibirien zu lösen versucht, es lässt sich mit einer wissenschaftlichen Disziplin allein nicht lösen. »Nehmen Sie ein simples Beispiel: die Verlegung einer Pipeline. Da hat man in Europa und anderen Gegenden große Erfahrung. Aber was macht man, wenn diese Pipeline im Winter minus 70 Grad aushalten muss? Fließt dann noch Öl? Und wenn man sie in den Boden gräbt, ist man auch bei sibirischen Sommertemperaturen in 60 Zentimetern Tiefe mit hart gefrorener Erde konfrontiert. Denn darunter taut der Boden nie auf. Fragen Sie einen Straßenbauer, was es heißt, jahraus, jahrein mit Frostaufbrüchen rechnen zu müssen – auch im Sommer. Oder einen Baumeister, wenn der Boden, auf dem er baut, an der Oberfläche plus 20 Grad und in einem Meter Tiefe minus 10 Grad hat. Das sind so die kleineren Probleme unseres Landes. Die viel größeren sind die Auffindung der Bodenschätze, die Frage, wie man am besten an sie herankommt, auf welche Weise sie genutzt werden sollen, wo und welche Betriebe zu errichten sind.« Herr Antonow sprach noch eine Stunde lang, das Bild, das er zeichnete, wurde plastischer. Die Probleme wurden verständlicher, und schließlich war mir klar, warum man Akademgorodok errichtet hatte: Um sämtliche wichtige Sparten der Wissenschaft auf engster Tuchfühlung beisammen zu haben, wenn es auf einem Gebiet zu Problemen kommt.

Das wird vielleicht am verständlichsten, wenn man die Art der wissenschaftlichen Institute betrachtet, die in Akademgorodok stehen, jedes von ihnen ist fast so groß wie ein Ministerium in der Hauptstadt eines Mittelstaats. In jedem von ihnen arbeiten Hunderte Wissenschaftler. Herr Antonow zählt diese jetzt auf; später werde ich einige dieser Institute besuchen. Er spricht zunächst vom Institut für Ökonomik und die Organisation der industriellen Produktion. Es ist kein Zufall, dass er dieses Institut zuerst nennt. Die Wirtschaft hat Russland stets die größten Sorgen bereitet, und heute scheinen die Probleme fast unüberwindlich. Man versucht, sie mit groß angelegten Reformen in den Griff zu bekommen. Aber diese Reformen spießen sich an der Unmöglichkeit, in einer zu hundert Prozent gelenkten Staatswirtschaft den Erfordernissen einer modernen Marktwirtschaft gerecht zu werden. Da versucht man nicht nur in den Wirtschaftshochschulen der russischen Städte, sondern auch in Sibirien, besonders in Akademgorodok, neue Theorien zu erarbeiten, die die russische Wirtschaft leistungsfähiger machen und sie den Ansprüchen einer modernen Konsumgesellschaft anpassen soll. Das Zentrum für die theoretische und praktische Forschung auf diesem Gebiet befindet sich im

Institut für Ökonomik und die Organisation der industriellen Produktion.

Wieweit die Forschungen dort gediehen sind, darüber gibt Herr Antonow keine Auskunft, er wisse es nicht, es sei nicht sein Spezialgebiet. Ich merke mir vor, mich um diese entscheidende Frage zu kümmern.

Herr Antonow zählt nun die weiteren in Akademgorodok stationierten Institute und deren Funktionen auf: Institut für Hydrodynamik, der Arbeitsbereich ist in seinem Titel umrissen, es forscht auf allen Gebieten, wie Wasserkraft zur Anwendung kommt. Aber wie alles hier in Akademgorodok hat auch dieses Institut seine zusätzlichen Spezialaufgaben. In Sibirien beachtet und verwertet man eine Eigenschaft des Wassers, die andere Weltgegenden kaum zur Kenntnis nehmen, erklärt Herr Antonow: »Seine Temperatur liegt immer über null Grad, für uns ist Wasser daher Wärme, der gefrorene Boden lässt sich mit Wasser sprengen. Die Anwendung des Wassers als Sprengstoff ist bei uns ein wichtiges Anwendungsgebiet. Wir benützen Wasser für den Bau von Tunnels und Erdgrabungen.«

Antonow nennt weiter das Institut für organische Chemie und Genetik. Dieses dient vor allem der Land- und Forstwirtschaft. Seine Bedeutung für die sibirische Flora und Fauna liegt auf der Hand.

Herr Antonow geht weiter auf die große Bedeutung der wissenschaftlichen Leistungen einzelner Institute für die Entwicklung Sibiriens ein. Er kommt auf das Institut für theoretische und angewandte Mechanik zu sprechen. Hinter diesem Namen verbirgt sich der Fokus auf die Förderung von Rohstoffen und Naturschätzen, um Erze, Gase, Erdöl und Kohle, um Geothermie. Aber es geht auch um Nuklearenergie. »Da drüben sehen Sie das Institut für Kernphysik!« Ich suche nach jener Betonsäule, die jedes Atomkraftwerk hat. »Nein, hier haben wir keine Reaktoren«, antwortet Antonow auf meine Frage danach, dennoch wird hier Atomforschung betrieben. Und hier wird auch die praktische Anwendung der Atomenergie erprobt. Das Aufgabengebiet dieses Instituts reicht vom Bergbau bis zur Landwirtschaft, von der Archäologie bis zur Geologie. »Sie wissen ja, heute gibt es kein Gebiet, das auf die Kernphysik als Hilfswissenschaft verzichten könnte.« Später erfahre ich, dass man den Atomreaktor nicht gebaut habe, weil damit Experimente verbunden gewesen wären, die gewisse Risiken mit sich gebracht hätten – Risiken, denen man Akademgorodok nicht aussetzen wollte.

Das Institut für anorganische Chemie befasst sich hauptsächlich mit den Problemen des sibirischen Bergbaus, mit Hebung und Umwandlung von Bodenschätzen, Erzen und Mineralien. Selbstverständlich fallen hier auch die Probleme der Kunststoff- und Kunstfaserentwicklung, der Düngemittelproduktion und so weiter an.

Ein Institut für Katalyse beschäftigt sich damit, neue Katalysatoren zu entwickeln, um mithilfe chemischer Zusätze andere wichtige technische Prozesse möglich zu machen und zu beschleunigen. Das Institut für Wärmephysik wieder lenkt seine Forschung in zwei Richtungen. »Eine der grotesken Eigenarten unseres Landes ist die Koexistenz der Zone des permanenten Frostes und einer Wärmezone, die unmittelbar unter der gefrorenen Erdkruste liegt.« Herr Antonow erklärt nun, dass Sibirien in seiner ganzen Breite über einer vulkanischen Wärmezone liegt, die angeblich »ganz anders geartet ist als andere vulkanische Zonen«. Man braucht nicht viel Fantasie, um zu erkennen, was es bedeuten würde, gelänge es, diese Energien und die Erdwärme nutzbar zu machen. Das Institut für Wärmephysik greift das Problem dort an, wo es zutage tritt, auf der Halbinsel Kamtschatka. Kamtschatka ist für seine Vulkane und heißen Quellen bekannt. Es ist einerseits eines der kältesten Gebiete Sibiriens, andererseits hat man nirgends so leicht Zugang zu Wärme und Energiequellen wie auf Kamtschatka. »Nur«, setzt Antonow fort, »bei uns ist doch nichts normal – die heißen Quellen auf Kamtschatka haben eine Temperatur von lediglich 80 Grad, sie sind als nicht so zu nützen wie vulkanische Quellen anderswo auf der Welt, die meistens Temperaturen von weit über 100 Grad haben.« Will man also die sibirischen natürlichen Wärmequellen nützen, müssen völlig neue Methoden entwickelt werden. Jedenfalls hat man auf Kamtschatka die vulkanische Wärme bereits soweit in den Dienst der Bodenbewirtschaftung gestellt, dass Kamtschatka sein eigenes frisches Gemüse anbauen kann, und zwar im Sommer wie im Winter.

In eine ähnliche Richtung arbeitet auch das Institut für Physiologie. Ihm obliegt die Aufgabe, die Bedingungen vor dem Hintergrund des sibirischen wie auch des arktischen Klimas zu erforschen, unter denen Pflanzen, Tiere und Menschen sich am bestem entwickeln. »In unseren mittelasiatischen Steppen leben viele Tiergattungen, die praktisch ohne Wasser auskommen. Ihr Wasserbedarf wird aus der festen Nahrung gedeckt, die sie zu sich nehmen, das heißt, ihre Verdauungstrakte, Mägen und Nieren sind anders beschaffen als die der anderen Tiere. Unser Institut für Physiologie versucht nun, organische Umwandlungsprozesse zu erforschen, um bestimmte Nutztiere auch unter bestimmten klimatischen Bedingungen heimisch werden zu lassen. Was die Menschen betrifft, so werden hier Kinder als Probanden untersucht und ihr Verhalten unter unterschiedlichen klimatischen Bedingungen erforscht: »Erwachsene verhalten sich nicht mehr natürlich und wehren sich gegen Kälte und Übermüdung mit Bewegung und Aktionen, die sie erlernt haben, Kinder hingegen reagieren instinktiv. Sie würden staunen, wie anders sich Kinder in den gleichen Situationen verhalten als deren Eltern. Daraus leiten wir völlig neue Verhaltungsmaßregeln für unsere sibirische Bevölkerung ab.«

In Akademgorodok befindet sich auch ein Institut für Geologie und Geophysik, es ist wahrscheinlich eines der wichtigsten überhaupt. Es entsendet Monat für Monat Dutzende Geologen-Teams, zu Fuß, mit Raupenfahrzeugen, mit Hubschraubern in alle Winkel der Taiga, um die noch nicht entdeckten Bodenschätze Sibiriens aufzuspüren. Sind sie einmal geortet, so geht es um die Definition ihres Volumens, ihrer genauen Position und um die Frage, wie man sie heben kann.

Das Institut für Biologie erfüllt einerseits die Erwartungen, die sein Name erzeugt. Es widmet sich allerdings auch Aufgaben, die nicht unbedingt in den ursprünglich gedachten wissenschaftlichen Rahmen passen. Etwa wenn daran geforscht wird, wie man Pelztiere effizienter und gewinnträchtiger züchten kann.

Nach neuen Methoden sucht man auch im Institut für experimentelle Biologie und Medizin, hier ist Professor Jewgeni Meschalkin tätig, einer jener Chirurgen, die Herz- und Lungenoperationen binnen weniger Minuten durchführen.

Und schließlich beherbergt die Akademie das Institut für abstrakte Mathematik. Das Fach bildet den Kern und die Grundlage aller Disziplinen in Akademgorodok. Aus diesem Institut kommen viele Wissenschaftler, die an allen anderen Instituten die abstrakt-mathematischen Grundlagen in die von der jeweiligen wissenschaftlichen Disziplin geforderte Praxis umsetzen.

Der besondere Stolz der Erfinder und der heutigen Leiter von Akademgorodok aber sind nicht die besonderen Institute zur Lösung der sibirischen Probleme, sondern eine ganz andere Einrichtung: die mathematische Mittelschule. Hier in dieser Spezialschule werden ganz junge Menschen so rund um das 15. Lebensjahr gebildet. Ihre Lehrer sind durchwegs habilitierte Mathematiker. Schon in jungen Jahren haben die Schüler eine ganz außerordentliche Kenntnis von Mathematik und ein außergewöhnliches Potenzial, alle Arten von Aufgaben durch die dort erworbenen Fähigkeiten zu lösen.

Jedes Jahr fand in der Sowjetunion und findet noch immer in der Russischen Föderativen Republik eine Mathematik-Olympiade statt. Aus allen Schulen des Landes werden Teilnehmer entsendet. Die Jugendlichen haben mathematische Probleme auf hohem Niveau zu lösen, die für diese Olympiade zentral erstellt werden, übrigens zu einem guten Teil in Akademgorodok. Ein Sieg in dieser Olympiade ist gleichzeitig ein Ausweis für den Erfolg des Schülers in seiner mathematischen Ausbildung und sichert ihm von vorneherein eine gute wissenschaftliche Karriere.

LANDBRÜCKE NACH AMERIKA

Im Übrigen ist Akademgorodok nicht ganz frei von einer gewissen Nostalgie. Diese Nostalgie hat ihren Ursprung mehr in Nowosibirsk und ganz gewiss in der nächsten Nachbarstadt Irkutsk. Irkutsk am Baikalsee war lange Zeit das eigentliche Zentrum Sibiriens und hatte vor allem die Verwaltungsaufgaben des Riesenlandes zu bewältigen. Schon zu einer Zeit, als Sibirien noch nicht als eigener großer Landesteil Russlands gegolten hatte, war Irkutsk mit den Verwaltungsaufgaben ganz Sibiriens beauftragt, aber Sibirien hatte noch keine Grenzen, eigentlich wusste man nicht so recht, was alles zu Sibirien zu zählen ist. Denn zuallererst war man in St. Petersburg bemüht, den Weg über Sibirien als russischen Spezialzugang nach Amerika zu betrachten. Man hoffte sehr, dass es zwischen Sibirien und Nordamerika eine Landbrücke geben würde. Dann wäre der Zugang Russlands zu Alaska eine einfache und zukunftsweisende Aufgabe gewesen. Denn zunächst hätte Russland ganz gerne mitgewirkt an der Aufschließung und Entwicklung Amerikas, so wie England und Frankreich das schon eingeleitet hatten. Aber weshalb sollte sich Russland vom Wettlauf nach Amerika ausschließen lassen?

Amerika galt als ein Land der unbegrenzten Möglichkeiten, und jeder, der dies konnte, sollte sich anstrengen, sich an der Erschließung des *Land of Hope and Glory* zu beteiligen.

Als die Kosaken von ihren Erfahrungen und Erschließungen in Sibirien berichteten, war das eigentliche Interesse am St. Petersburger Hof auf eine andere für Russland bedeutende Frage konzentriert: Können wir auf dem Landweg von Sibirien nach Amerika vorstoßen? Kann Russland die anderen europäischen Mächte durch seine besondere geografische Lage bei der Erschließung Amerikas einholen und überholen?

St. Petersburg ließ mehrere Expeditionen ausrüsten, mit der Aufgabe, den vermuteten Landweg von Sibirien nach Alaska zu finden. Der allerdings war nicht aufzuspüren, denn es gab ihn nicht. Zwischen Sibirien und Alaska lagen viele kleine Inseln, die Aleuten und Kurilen.

Nach und nach begann Russland, die größeren dieser Inseln auch in Besitz zu nehmen, und schließlich gelang Russland auch der Sprung nach Alaska, und in diesem Fall war es tatsächlich den anderen europäischen Mächten zuvorgekommen. Russen waren es, die als allererste in Alaska zu siedeln begannen. Und sie brachten auch die orthodoxe Kirche mit. Zu den wenigen ersten Bauten der Russen in Alaska gehörten auch schon kleine orthodoxe Kirchen. Tatsächlich waren sie die markantesten Zeichen russischer Inbesitznahme. Die Kosaken gehörten mit zu den ersten, die auch in Alaska auftauchten und dort das Gleiche versuchten wie in Sibirien, nämlich die Jagd auf wertvolle Pelztiere.

Aber so ergiebig war diese nicht, und so gab es eigentlich keinen besonderen Anreiz für die Russen, Alaska zu besiedeln und zu erschließen. Am St. Petersburger Hof war man – im Übrigen gar nicht so unberechtigt – eher besorgt, Russland könnte durch seinen Vorstoß auf den amerikanischen Kontinent mit anderen großen Mächten in Konflikt geraten, und vor allem mit England, vielleicht auch mit Frankreich und Spanien. Denn die wenigen russischen Siedler, die sich bereitfanden, nach Amerika zu gehen, wussten sehr bald, dass Kalifornien schöner, gemütlicher und vermutlich auch reicher war als Alaska, das ja auch zu den Gebieten des ewigen Permafrostes zählte. In Kalifornien aber stießen die Russen auch schon auf sehr ehrgeizige und landgierige britische und spanische Siedler.

DER MEGA-DEAL DES ZAREN

In dieser Zeit wurden die russischen Angelegenheiten in Alaska vom wichtigsten russischen Zentrum in Sibirien, von Irkutsk, geleitet. Das führte dazu, dass sich Irkutsk damals bei vielen Gelegenheiten als »Hauptstadt von Alaska« bezeichnete. Das waren stolze Tage. Dem Zaren aber war der Vorstoß nach Amerika doch ein gewagtes Spiel. Wann würde es zum Konflikt kommen zwischen den russischen und den englischen, vielleicht auch französischen Interessen in Amerika?

So entschloss sich der Zar 1867, das von den Russen erschlossene und teils schon besiedelte Alaska an die Vereinigten Staaten von Amerika zu verkaufen. Die Amerikaner ließen sich die

Chance nicht entgehen. Es handelte sich um rund 1,6 Millionen Quadratkilometer Grund auf amerikanischem Boden. Und die Unterhändler einigten sich auf einen Preis von 7,2 Millionen Dollar für ganz Alaska.

Im amerikanischen Kongress gab es nicht wenige verbale Angriffe von Abgeordneten gegen die Regierung, denn sie hielten den Preis für unangemessen hoch und den ganzen Ankauf von Alaska für unnötig. Nach heutiger Einschätzung war der Preis viel zu niedrig, aber der Entschluss des Zaren, mit dem Verkauf Alaskas an die USA jeglichem Konflikt mit dem neuen amerikanischen Staat und auch mit Großbritannien aus dem Weg zu gehen, hatte Russland für eine strahlende Zukunft der Zusammenarbeit zwischen den USA und Russland den Weg bereitet.

Die beiden standen sich von nun an nicht im Wege, und das kam Russland weltpolitisch schon im Ersten Weltkrieg, aber ganz besonders wichtig im Zweiten Weltkrieg, zugute. Denn mit allen Kräften unterstützten die USA im Zweiten Weltkrieg die Sowjetunion in ihrem Kampf gegen Hitlerdeutschland. In Amerika wusste man es zu schätzen, dass die Sowjetunion in diesem Krieg mit Hitler ein gewaltiges Menschenopfer zur Befreiung Europas und der Abwendung der nazistischen Gefahr erbrachte.

So leisteten die USA während des Zweiten Weltkriegs einen gewaltigen Beitrag zur Ausrüstung der Sowjetarmeen, und jedes zweite amerikanische Versorgungsschiff, das den Atlantik überquerte, hatte nicht nur die Rüstungsgüter für die Amerikaner in England, Afrika und Italien an Bord, sondern auch für die sowjetische Front im Osten.

Und so mancher sowjetische Panzer, der 1945 in Deutschland und in Österreich eindrang, hatte zwar eine russische Besatzung, war aber ein amerikanisches Fabrikat. Historisch hat sich also der Entschluss des Zaren, Alaska an die USA zu verkaufen, zweifellos gelohnt. Nur in Irkutsk musste man Abschied nehmen von dem Anspruch, die russische Hauptstadt Alaskas zu sein. Ein Verlust, der heute noch im musealen Bereich von Irkutsk bedauert wird.

WIE ALLES ANFING

Was uns zurückführt zur Entstehungsgeschichte Russlands und der Russen.

Die Slawen in Osteuropa sammelten sich im Raum der heutigen Ukraine, die ersten Städte, die sie gründeten, waren Kiew und Nowgorod. Beide Städte wurden zu Zentren eigener Fürstentümer, die erst später vom Fürstentum Moskau vereinnahmt wurden. Aber vorher waren sie selbst zu attraktiven Handelszentren und eigenen Staaten geworden.

Das Fürstentum Kiew, damals »Kiewer Rus« genannt, brachte es zu einer eigenen Blüte, verstand sich aber ganz und gar als europäisch und tat alles, um sich mit Westeuropa zu verbünden. Aus dem Kiewer Rus stammten die vielen russischen Bräute, die in fast allen deutschen Fürstentümern hochgeschätzte Gemahlinnen der deutschen Fürsten wurden. Es gab keinen einzigen europäischen Staat, der mit so vielen anderen europäischen Höfen vermählt war, wie der Kiewer Rus. Und nirgendwo sonst in Europa waren europäische Einwanderer so geschätzt wie in den russischen Fürstentümern.

Unter dem Zaren Peter der Große, der Zarin Katharina die Große und ihrem Nachfolger Alexander wurde vor allem in den deutschen Fürstentümern um jede Art von fachmännisch ausgebildeten Auswanderern geworben. Ganze Scharen von deutschen Zimmerleuten, Tischlern, Mechanikern und Handwerkern aller Art, aber selbst auch Bauern wurden in Russland willkommen geheißen. Mit der Zeit gab es fast in jeder größeren russischen Stadt ganze Viertel, in denen Deutsch gesprochen wurde. Nach Auffassung vieler russischer Historiker war die wirtschaftliche und kulturelle Entwicklung Russlands in der Zeit nach Zar Peter dem Großen weitgehend dem kolonisatorischen Wirken deutscher Fachleute und Kulturträger zu verdanken. An den Ufern der Wolga hatten sich sogar deutsche Bauern in großer Zahl niedergelassen und bearbeiteten hier mit großem Erfolg die schwarze und so ergiebige Erde Russlands.

DIE RUSSISCHE SEELE

Die orthodoxe Kirsche entstand in der Rus. Großfürst Wladimir I., Herrscher der Kiewer Rus, war 988 getauft worden. Dieses Ereignis markiert den Beginn der Christianisierung der Rus. In weiterer Folge nahm auch die Bevölkerung das Sakrament der Taufe entgegen. Das veränderte die Lebensweise der Ostslawen auf viele Arten. Sie nahmen das Dogma, Kirchenlehre und -recht in ihre Kultur auf. Die Lehre der griechisch-orthodoxen Kirche stütze die Herrschaft. Die Annahme, dass alle Obrigkeit von Gott verliehen würde, machte die Fürsten von Kiew sattelfest in ihrer Rolle. Das Ansehen der Kiewer Fürsten im Volk war durch diese Konvertierung zum Glauben dermaßen gesteigert, dass das Kiewer Reich mit einem Mal den anderen christlichen Völkern ebenbürtig war. Eine entscheidende Dynamik entwickelte sich während der Tatarenherrschaft. Denn die Fürstentümer der Rus wuchsen unter Moskauer Führung durch den gemeinsamen Glauben noch mehr zusammen. Aber es ergab sich auch ein Abgrenzungseffekt, das Kiewer Reich distanzierte sich durch die Annahme des Christentums griechisch-orthodoxer Prägung vom lateinisch geprägten Abendland. Diese religiöse Grenze wurde auch zu einer politischen. Sie war der Grundstein für eine eigendynamische Entwicklung der ostslawischen beziehungsweise altrussischen Kultur. Diese Dynamik wurde erst von den Säkularisierungsbemühungen von Zar Peter I. eingedämmt. Aber es war der Niedergang der Sowjetunion, der der russisch-orthodoxen Kirche zu einer neuen Hochblüte verhalf. Die Mitgliederzahlen stiegen zu alter Größe. Zwischen 2009 und 2016 sind eine große Anzahl von Kirchen wiedereröffnet worden. Große und bedeutende Kathedralen wurden wieder gebaut, oder entstanden vollkommen neu. Ein prominentes Beispiel hierfür ist die Kaliningrader Christ-Erlöser-Kathedrale.

Zu Diskussionen innerhalb der Kirche kam es allerdings, als es um die Heiligsprechung des letzten Zaren und seiner Familie ging. Die unter Lenin Getöteten wurden schließlich heiliggesprochen, erhielten aber keinen Märtyrer-Status.

Wladimir Putin gibt sich heute betont gläubig. Der Rückzug eines kulthaften Vorhabens kam im letzten Moment: »Auf Wunsch des Staatsoberhauptes« wurde – wie Moskaus Medien im Mai 2020 einhellig verkündeten – das bereits fertige Mosaik-Porträt von Präsident Wladimir Putin nicht in der neuen Hauptkirche der russischen Armee angebracht. Dabei war der Bau dieser drittgrößten Kathedrale Russlands im militärischen Themenpark Patriot vor den Toren Moskaus ein Prestigeprojekt des Kreml. Der riesige Kirchenbau mit seiner fast hundert Meter hohen, goldenen Kuppel sollte zum 75. Jahrestag des Sieges der Sowjettruppen über Nazideutschlands im »Großen Vaterländischen Krieg« (1941–1945) geweiht werden. Seine monumentale Architektur erfüllt nicht nur einen historischen Auftrag – die »Kirche des Sieges« unterstreicht auch die enge Verbundenheit, ja Symbiose von Staat und Kirche im Russland von heute.

Der Entscheidung des Kreml-Chefs (»Der Präsident möchte keinen Personenkult wie in sowjetischer Zeit«) war eine kurze, aber anschwellende öffentliche Kritik vorangegangen. Und sie hatte recht weitreichende Folgen: Nach Putins Verzicht mussten auch andere prominente Spitzenpolitiker – darunter der russische Verteidigungsminister, der Chef des Inlandsgeheimdienstes, der Generalstabschef und die Präsidenten der beiden Parlamentskammern – auf ihre Mosaikporträts im 6000 Menschen fassenden Kirchenraum verzichten.

Und weil die kritische Diskussion nun schon einmal eröffnet war, geriet auch das geplante Fresko mit Sowjet-Diktator Josef Stalin, das ihn umgeben von Generälen und Soldaten bei der Siegesparade von 1945 zeigen sollte, zunehmend in die (auch innerkirchlich massive) Auseinandersetzung. »Sein Name ist mit viel Unheil im Leben der Menschen verbunden – das kann nicht aus der Geschichte gestrichen werden«, wagte zunächst ein Sprecher der russischen Kirche offen auszusprechen. Prompt kam dann auch das Verbot des Moskauer Patriarchen Kyrill I., den »Verfolger der Kirche« an diesem Ort des Gebets und der Erinnerung zu verewigen. »Das Blut von Millionen, einschließlich dessen von vielen Neu-Märtyrern und Bekennern der russischen Kirche, lastet auf seinem Gewissen«, begründete Metropolit Hilarion, der »Außenminister« des Patriarchats, nunmehr den späten Verzicht auf Stalins Bild.

Die Diskussion um die Ausgestaltung der neuen Hauptkirche der russischen Armee war damit aber noch immer nicht beendet. Unmittelbar vor der – Corona-bedingt verschobenen – Weihe wurde es ein weiteres Mal politisch heikel, als auch das Mosaik »Unsere Krim« in die öffentliche Kritik geriet – eine Erinnerung an die Annexion der ukrainischen Schwarzmeer-Halbinsel in die Russische Föderation im Jahr 2014.

All diese Geschehnisse rund um die »Kirche des Sieges«, deren Grundstein 2018 vom Patriarchen gemeinsam mit Präsident Putin gelegt worden war, werfen ein höchst interessantes Licht auf die gesellschaftspolitische Entwicklung Russlands – und auf das von westlichen Beobachtern vielfach unterschätzte Macht-Geflecht von Staat und russisch-orthodoxer Kirche.

DIE HERZEN DER VÖLKER

Der Nährboden, auf dem dieses nahe Verhältnis ruht, ist tief, zugleich aber auch voll von historischen Widersprüchen – und kann hier nicht annähernd angemessen beschrieben werden. Die Legende erzählt: Ehe sich Großfürst Wladimir von Kiew (der Namenspatron Putins) im Jahr 988 taufen ließ und das kommende russische Reich dem Christentum weihte, schickte er Gesandte zum Vergleich der großen religiösen Traditionen hinaus in die Welt – zu den »Lateinern« nach Rom, zu den »Byzantinern« nach Konstantinopel, aber auch zu den Juden und den Muslimen. Ihr Auftrag war es nicht, die verschiedenen Theologien zu studieren, so heißt es – nein, auftragsgemäß sollten sie die verschiedenen Gottesdienste und ihre Wirkungen auf die menschliche Seele erkunden.

Heimgekehrt berichteten sie dann vor Fürst Wladimir und den Bojaren (dem Adel) von ihren Erfahrungen – und erzählten dabei auch begeistert von ihren Erlebnissen in den Kirchen der orthodoxen (byzantinischen) Christen: »Sie führten uns in ihre Kirchen, in denen sie Gott dienen – und wir wissen nicht, waren wir im Himmel oder auf der Erde. Denn auf Erden gibt es so eine Schönheit nicht – und wir vermögen sie auch nicht zu beschreiben. Nur das wissen wir: dass dort Gott bei den Menschen weilt …« So sei es gekommen, sagt die Legende, dass die byzantinische Ostkirche die Herzen der Völker Russlands erobern konnte.

Und tatsächlich wurden die Riten und Gesänge des östlichen Christentums über tausend Jahre hinweg zum wichtigsten Identitätsmerkmal des russischen Volkes – und darüber hinaus auch zum religiösen Fundament für weite Teile Osteuropas. In Russland selbst war die Orthodoxie – angeführt vom »Patriarchat von Moskau und der ganzen Rus« (der historischen Heimat der Ostslawen) – bald die Nationalkirche unter der Herrschaft der Zaren. Mehr noch: Die politischen Machthaber entdeckten in der Kirche rasch das entscheidende Herrschaftsinstrument über die Seelen des Volkes und die wichtigste Bühne für ihren traditionsbewussten Nationalismus.

TIEFE BRÜCHE

Bald schon erlebte das mittelalterliche Christentum tiefe kirchenpolitische Brüche, die sich als wesentliche Auslöser für den Machtzuwachs der russischen Orthodoxie erweisen sollten. Zur Erinnerung: Durch die Kirchenspaltung von 1054 (dem »Großen morgenländischen Schisma«) zwischen Rom und Konstantinopel wuchs zunächst die Eigenständigkeit des oströmischen – byzantinischen – Kaiserreiches und Patriarchats von Konstantinopel, das sich nunmehr als das zweite, das »Neue Rom« empfand. Vierhundert Jahre später (1453) verlor dann die Metropole am Bosporus unter dem Ansturm der muslimischen Eroberer ihre ostkirchliche Bedeutung, die sich in den folgenden Jahrhunderten immer mehr in Richtung Moskau verlagerte. Das dortige Patriarchat schmückte sich ab dem 16. Jahrhundert mit dem Titel des »Dritten Rom« (bis Zar Peter der Große 1721 das Patriarchat auflöste und die Kirche unter staatliche Verwaltung stellte).

Das russische Reich war inzwischen zur bei weitem bevölkerungsreichsten orthodoxen Nation geworden – und seine Zaren verbanden ihren politischen Machtanspruch ausdrücklich mit der Orthodoxie und ihrer Rolle als »Verteidiger der Christenheit gegen die Heiden«.

MÖRDER UND MÄRTYRER

Mit der Oktoberrevolution von 1917, der Ermordung der Zarenfamilie und der gewaltsamen Machtübernahme der kommunistischen »Bolschewiki« endete die jahrhundertelange Verschränkung von Staat und Kirche abrupt. Was in den folgenden Jahrzehnten – letztlich bis zum Zusammenbruch der Sowjetunion im Jahr 1991 – geschah, war der Versuch der totalen Ausrottung der Religion. Vor allem die Zeit bis 1938 gilt heute als »langer, schrecklicher Karfreitag der russischen Geschichte«: Tausende Kirchen und Hunderte orthodoxe Klöster fielen dem atheistischen Wüten zum Opfer, wurden abgerissen, niedergebrannt oder in Lagerhäuser, Museen, Schwimmbäder etc. umfunktioniert. Schlimmer noch: Mindestens 40 000 Geistliche und ungezählte Gläubige wurden für ihren Glauben gemartert und hingerichtet – und von den einst 80 000 orthodoxen Kirchengemeinden im Land waren am Ende des Zweiten Weltkriegs kaum noch 3000 übrig. Diktator Josef Stalin und seine Gesinnungsgenossen waren überzeugt, dass der moderne »Sowjet-Mensch« kein Erlösungsversprechen für ein Jenseits brauche – sein Paradies sei im Hier und Jetzt.

Zwei Zitate haben die staatlich verordnete Gottlosigkeit weit über Russland hinaus in besonderer Weise geprägt: Zunächst die Überzeugung von Karl Marx, dem Schöpfer des *Kommunistischen Manifestes* (aus den Jahren 1847/48), dass Religion nur ein »Opium des Volkes« sei. Und schließlich mehr als ein Jahrhundert später (im April 1961) die viel zitierte Meldung des ersten Menschen im Weltraum, des Kosmonauten Juri Gagarin. Nach seiner 108 Minuten dauernden Erdumrundung im April 1961 verriet er einem Reporter ideologisch korrekt: »Gott habe ich dort oben nicht gefunden.«

Die brutale Maschinerie des Todes in den ersten Jahrzehnten der kommunistischen Herrschaft hat später zum Selbstverständnis der russischen Orthodoxie als »wahre Kirche der Märtyrer« geführt – und die Gedenkstätten im Umfeld der großen Städte gelten heute als »Golgatha«, aus denen der Kirche Hunderte neue Heilige zugewachsen sind.

NEUES ALTES WERTE-FUNDAMENT

Erst mit Michael Gorbatschow (ab 1985 KP-Chef und 1990/91 auch Staatspräsident) und seiner Politik der Öffnung und Modernisierung (»Glasnost und Perestroika«) war in Russland eine zunächst vorsichtige Renaissance der Religion zu beobachten. Kreml und Kirche fanden einander langsam wieder, um einem weltanschaulich zerbrochenen Riesenland ein neues, historisch freilich längst erprobtes Werte-Fundament zu geben. Am 1. Dezember 1989 traf Gorbatschow sogar mit dem polnischen Papst Johannes Paul II. im Vatikan zusammen.

Sein Nachfolger Boris Jelzin, der erste demokratisch gewählte Präsident Russlands, erwartete von der orthodoxen Kirche schon einen konkreten »Beitrag zur geistigen und moralischen Wiedergeburt Russlands und zur Festigung des innerstaatlichen Friedens«. Das Moskauer Patriarchat war dazu bereit, kannte aber auch die Gegenleistung für diesen Dienst an der Nation: zumindest die Rückgabe (und großzügige Staatshilfe bei der Sanierung) des im Kommunismus verstaatlichten und vielfach ruinierten Kircheneigentums, also von Kirchen, Klöstern und Seminargebäuden. Noch weiter gehende Ansprüche der Kirche – etwa bei der Wiedereinrichtung von Religionsunterricht – scheiterten allerdings an der neuen Verfassung von 1993. Sie definiert die »Russische Republik« seither als einen säkularen Staat, in dem keine Religion zur Staatsreligion werden darf. Dies vor allem wegen der Tatsache, dass dieses größte Land der Erde zwar vom orthodoxen Christentum geprägt, aber auch von anderen religiösen und konfessionellen Minderheiten besiedelt wird: im Süden (vor allem im Kaukasus) von Muslimen, im Südosten von Buddhisten, Schamanen ... und in den Großstädten von Resten des einst starken Judentums.

Bald schon strahlten in den großen russischen Städten die Kirchenkuppeln wieder in glänzendem Gold – und die Orthodoxie wurde mehr und mehr zum Kern einer neuen nationalen Ideologie.

Was sich mit dem Ende des staatlich verordneten Atheismus und der Suche nach einer »nationalen Seele« schon angebahnt hatte, gewann mit der Wahl Wladimir Putins zum Präsidenten im Mai 2000 enorm an Dynamik. Ohne Wissen seines Vaters war er schon mit fünf Jahren in Leningrad heimlich getauft worden. Und: Wie es heißt, habe er bereits in der Sowjetzeit als Geheimdienstoffizier heimlich ein Halskettchen mit Kreuz getragen. Bei unzähligen religiösen Auftritten bekennt sich Putin – anders als seine Vorgänger – seit nunmehr 20 Jahren sehr bewusst zu seinem Glauben und demonstriert, wie perfekt er die orthodoxen Rituale beherrscht: küsst Ikonen, bekreuzigt sich vor laufenden Kameras, beugt im Gottesdienst das Haupt bei den richtigen Stellen der Liturgie und erbittet den Segen des Patriarchen. Doch all diese Gesten können nach der einhelligen Aussage von Beobachtern nicht darüber hinwegtäuschen, dass sich Putin dafür von der geistlichen Führung politische Unterstützung und unbedingte Loyalität, ja auch Unterordnung erwartet.

Der Kreml-Chef lässt keinen Zweifel daran, dass er aus Russland wieder einen starken Staat mit patriotisch gesinnten Bürgern machen will. Dabei soll ihm die orthodoxe Kirche mit ihren der russischen Seele eng verbundenen Werten entscheidend helfen. Viele seiner Wortmeldungen und seiner Gesten machen dieses Ziel einer (im Gegensatz zum einstigen sowjetischen Internationalismus) starken nationalen Identität deutlich.

Nur ein Putin-Zitat als Beispiel: »Russland muss mit seinen orthodoxen Traditionen besonders sensibel umgehen und respektvoll auf die Gefühle der Gläubigen reagieren. Es sind die für uns alle heiligen Hoffnungen auf die Wiedergeburt des Mutes, des Willens und der Würde des russischen Volkes.« Denn, so der Präsident: »Gerade unserer Kirche kommt nach dem langjährigen Unglauben, dem sittlichen Niedergang und der Gottesfeindlichkeit eine gewaltige Aufgabe zu, um die russischen Gebiete auch auf geistlichem Wege zu vereinigen«.

Kein Wunder, dass Patriarch Kyrill I. in der Ära Putin schon wiederholt öffentlich versprochen hat, der Staatsgewalt »bei allem, was der Wiedergeburt des Vaterlandes dient, unerschütterlich zur Seite zu stehen«. Beobachter sprechen seit Jahren von »siamesischen Zwillingen, die untrennbar zusammenhängen«.

ATEMBERAUBENDE »AUFERSTEHUNG«

So erleben Russland-Besucher besonders aus Anlass der großen Kirchenfeste – vor allem zu Ostern – einen spektakulären »Paarlauf« um die russische Seele, den nach all den Furchtbarkeiten der Sowjet-Ära wohl niemand erwartet hätte: Über den vielspurigen Straßen der Metropole hängen dann hundertfach die Transparente »Khristos voskrese« (»Christus ist auferstanden«). Auf den Kirchen-Vorplätzen segnen Priester die von unzähligen Gläubigen mitgebrachten Osterbrote, Osterkuchen und Ostereier. Und in der orthodoxen Osternacht (nach dem alten julianischen Kalender bis zu fünf Wochen nach dem »westlichen« Ostern) finden Wladimir Putin und sein Ministerpräsident samt Gattinnen in der »Christ-Erlöser-Kathedrale«, dem größten russischen Kirchenbau in Europa, ihre Ehrenplätze auf gleicher Höhe mit dem Altar.

Vielleicht sollte noch erwähnt werden, dass die nicht-orthodoxen christlichen Konfessionen – Katholiken, Protestanten etc. – die atemberaubende »Auferstehung« des Glaubens in Russland nicht in ähnlicher Intensität mitvollziehen konnten. Die Gründe dafür sind vielfach: Gegenüber der katholischen Kirche etwa herrschen nicht nur theologische, sondern auch kulturelle und emotionelle Vorbehalte. »Der Katholizismus ist den Herzen der Russen fremd«, formulierte es sogar einer der wenigen Bischöfe vor Besuchern aus Österreich. Das liegt auch an der Tatsache, dass neun von zehn römisch-katholischen Priestern aus dem Ausland – zumeist aus Polen – kommen und der Katholizismus in Russland als »polnische Kirche« verstanden wird; dass bisher keiner ihrer Bischöfe in Russland geboren wurde; dass es auf russischem Boden katholische Diözesen von der Dimension Deutschlands, Frankreichs, Spaniens und Portugals zusammen gibt und dass manche ihrer Pfarren an die 500 Kilometer voneinander entfernt sind.

Nach dem Zusammenbruch des Sowjet-Kommunismus wurde der römischen Kirche zudem ein Papst-Zitat über die Notwendigkeit der »Re-Evangelisierung des Ostens« vorgeworfen. In Russland wurde dieses Wort als Wunsch verstanden, das orthodoxe Russland nach dem Drama der versuchten Auslöschung des Glaubens nun »gut katholisch« zu machen. Schnell war das Moskauer Patriarchat der Überzeugung, die römische (Stief-)Schwesterkirche betreibe auf dem Territorium der russischen Orthodoxie »Proselytenmacherei«, also die Abwerbung der Gläubigen, anstatt den orthodoxen Brüdern bei ihren ersten Gehversuchen nach Jahrzehnten im »religiösen Sterbebett« auf die Füße zu helfen.

Den Protestanten gegenüber gibt es auf russisch-orthodoxem Boden andere zentrale Vorbehalte. Es ist vor allem der vielfältige Vorwurf eines falschen, letztlich unchristlichen »Modernismus« unter Verzicht auf urchristliche Prinzipien, die allein von den Kirchen des Ostens hochgehalten würden (etwa zu den Themen Homosexualität, Rolle der Frauen usw.).

TRADITION – DIE NEUE LEITKULTUR

Die Kremlführung unter Wladimir Putin unterstützt das Beharren der Kirche auf »traditionellen« Werten nachdrücklich und hat sie zu einer Art »Leitkultur« des russischen Staates erhoben. Darüber hinaus hat sie die Nationalkirche mit zahlreichen Privilegien ausgestattet. Und sie hat entscheidend mitgeholfen, dem Volk nach Ende der Sowjetunion das Eindringen einer Unzahl zumeist amerikanischer Sekten zu ersparen – von Scientology bis zu den Satanisten. Umgekehrt wären Putins ganze nationale Politik und die innere Stabilisierung ohne die Kirche nicht möglich gewesen.

All das bisher Gesagte bedarf freilich einer wesentlichen Differenzierung: Wer heute von der »Wiedergeburt« des Glaubens bei 75–90 Prozent der russischen Bevölkerung spricht, wer auch den Jubel der russischen Kirchenführung hört, dass es »in der ganzen Menschheitsgeschichte kein zweites Beispiel für das Wunder gegeben hat, das bei uns geschieht« und wer von den rund hundert Millionen Menschen liest, die in der Osternacht an Auferstehungsgottesdiensten teilnehmen oder gebannt vor den TV-Schirmen sitzen, der sollte die Wirklichkeit nicht aus den Augen verlieren. Wahr ist nämlich auch, dass viele Millionen Russen ihren Glauben nicht praktizieren und – sollte man sie anonym befragen – dem Satz zustimmen würden: »Ich bin zwar orthodox, aber nicht religiös.« In diesem Sinn sind Feste wie Ostern ein Teil der Tradition und Nationalkultur – ein Faktum, das beide, Staat und Kirche, konsequent im gemeinsamen Interesse zu nützen wissen.

Nur zwei Beispiele seien dafür genannt: die multimediale Ausstellung »Rossija. Moja Istoria« (»Russland. Meine Geschichte«), die bereits in vielen großen Städten des Landes ihre »Filialen« hat. Dort wird Russlands Geschichte als schier ungebrochene Geschichte der Orthodoxie dargestellt. Und: Die Kremlführung baut derzeit die antike Stadt Chersones in unmittelbarer Nähe von Sewastopol (Krim) zu einer Art »Mekka Russlands« auf, weil dort angeblich der schon erwähnte Großfürst Wladimir I. getauft worden sein soll, der Gründer der »Heiligen Rus«, des ersten christianisierten slawischen Staates. Beide Beispiele, wie auch jenes der neuen, riesigen Armee-Kathedrale, von der am Beginn dieses Kapitels die Rede war, zeigen, wie tief die russische Orthodoxie in Putins offizielle staatliche Kultur- und Geschichtspolitik hineinwirkt.

Es kann aber auch nicht verschwiegen werden, dass diese enge und immer enger werdende Partnerschaft im Russland von heute nicht nur auf Zustimmung stößt. In politischen Eliten ist man sich durchaus der Gefahr bewusst, dass gerade die orthodoxen Kirchen mit ihren nationalen Hierarchen den Machtspielen – den Verlockungen wie auch den Drohungen – ihrer politischen Führungen immer unmittelbar ausgesetzt sind. Es gibt unter in- und ausländischen Beobachtern (und auch unter russischen Klerikern) eine ziemlich deutliche Stimmungslage, die über die neue Nähe zwischen Kirche und Staat wenig begeistert ist.

In diesem Zusammenhang scheint es wichtig, von einem 800-Seiten-Dokument zu berichten, das schon wenige Jahre nach Putins Machtübernahme von 70 russischen Wissenschaftlern offenbar auf gemeinsame Initiative der politischen und der religiösen Hierarchie erarbeitet und im August 2007 am Sitz des Patriarchats im Moskauer Danilow-Kloster vom heutigen Patriarchen Kyrill vorgestellt wurde – nicht als Dokument der Kirche, wohl aber als strategische Zukunftsperspektive mit dem programmatischen Titel *Russische Doktrin*. Es hat seltsamerweise im Westen kaum Aufmerksamkeit gefunden, war aber der anspruchsvolle Versuch, nach dem Zusammenbruch des Kommunismus und der Sowjetunion und angesichts des globalen Vormarsches des westlichen Gesellschafts- und Wirtschaftsmodells eine für Russland geeignete Zukunftsperspektive zu entwickeln.

Angesichts der damals noch aktuellen Folgen des Zerfalls der Sowjetunion, des wirtschaftlichen Niedergangs, der weitverbreiteten sozialen Not und der politischen Unsicherheit und Frustration wollte die *Russische Doktrin* ein politisches Konzept entwickeln, das dem großen Russland die Rolle eines Bittstellers beim reichen Westen, eine permanente Demütigung und eine Position der Ohnmacht ersparen könnte.

Um die wesentlichen Punkte dieser *Russischen Doktrin* von 2007 zusammenfassend festzuhalten:

– Russland brauche einen Kanon an Grundwerten, den nur die Orthodoxie liefern könne. Um sie auf breiter Ebene durchzusetzen, benötige das Land eine starke politische Führung und ein Einvernehmen gemäß der byzantinischen »Symphonia« (dem harmonischen Zusammenwirken von Staat und Kirche).
– Entscheidend sei eine klare Abwendung von einem an den westlichen Vorgaben orientierten Weg, eine Reinigung von fremden Phänomenen und Einflüssen (Globalisierung, Liberalisierung, Demokratie nach westlichem Muster, einer »schrankenlosen« Pressefreiheit usw.), eine Rückbesinnung auf eigene Kräfte und Werte, ein Zusammenrücken der Patrioten und eine Wiederentdeckung der »russischen Seele«.

Denn ein totaler Sieg der liberalen Weltordnung wäre das »Ende der Geschichte und eine Degradierung der Menschheit«. Das bedeute auch: Russland müsse sich von der angelsächsischen und amerikanischen Rechtskultur mit ihrem Prinzip der Gewaltenteilung und dem Übergewicht der Menschenrechte lösen. Das Ideal der westlichen Demokratie sei für das russische Riesenreich »absurd« – demokratische Prozesse sollten nur auf der untersten strategischen Ebene zugelassen werden.

- Moskau als »Drittes Rom« müsse das Zentrum des politischen Gleichgewichts in der Welt werden – als inspirierende Kraft im Kampf gegen das »neue Heidentum aus dem Westen« und der »neuen Barbarei aus dem Süden«.
- Angesichts der bestehenden Machtverhältnisse (in Amerika und Europa) sei eine »Veröstlichung« Russlands sinnvoll. Das lasse eine engere Zusammenarbeit mit der islamischen Welt, mit Indien, China und Japan sinnvoll erscheinen. Und an anderer Stelle heißt es: »Russland muss langfristig ein geopolitisches Projekt in Eurasien initiieren – eine Allianz mit Peking, Delhi und Teheran.«
- Durchgehend lässt die *Russische Doktrin* den zentralen Gedanken ihrer Autoren und ihrer Auftraggeber spüren: Jedes geistlose Nachahmen des Westens würde zum Verlust der Selbstachtung, des nationalen Patriotismus und zur Würdelosigkeit führen. Deshalb seien »Treue zur Orthodoxie« und »Treue zur russischen Nation« deckungsgleich!

Mag auch manches von diesen Zielen inzwischen im Getriebe der Zeitgeschichte an Realitätsnähe eingebüßt haben – es bleibt eine spannende Aufgabe für Forschungszentren, der möglichen Aktualität nachzuspüren.

DIE UKRAINE – EIN SCHWELENDER KONFLIKT

Zu den Hauptfaktoren der politischen Veränderung im Umfeld Russlands, die seit 2007 eingetreten sind, gehören sicherlich der im November 2013 ausgebrochene und bis heute ungelöste Ukraine-Konflikt – und die russische Annexion der Krim im März 2014. Und während die Krimkrise auf dem schwankenden Argumentationsboden einer mehrfach wechselnden Zugehörigkeit der Halbinsel im Schwarzen Meer allerlei Anlass zu unterschiedlichen politischen Bewertungen erlaubt, so hat der Ukraine-Krieg zusätzlich zu seiner politisch-militärischen Brisanz zuletzt auch noch einen enorm heiklen religiösen Aspekt bekommen, von dem hier zumindest kurz die Rede sein muss:

Die Gründungsgeschichte der russischen Orthodoxie ist ja mit der ukrainischen Metropole Kiew, mit dem dortigen Höhlenkloster und mit dem schon mehrfach erwähnten Großfürsten Wladimir I. engstens verbunden. Selbst nach dem Zerfall der Sowjetunion und der neugewonnenen Unabhängigkeit war die Ukraine religiös weitgehend an das Patriarchat von Moskau gebunden. Erst mit dem Krieg um die Ost-Ukraine begann auch der Versuch der Führung in Kiew, eine religiöse Eigenständigkeit – und damit auch eine Abnabelung von Moskaus Kirchenhierarchie – zu erreichen.

Ein heikles Anliegen, das vor allem der frühere ukrainische Präsident Poroschenko vorangetrieben hat – obwohl ein wesentlicher Teil der Gläubigen im Land diese historische Verbindung mit Russland bejaht hatte (und nach wie vor bejaht). 2018 richtete Poroschenko ein Ersuchen um kirchliche Selbstständigkeit an den Patriarchen von Konstantinopel, Bartholomäus I., dem Ehrenoberhaupt der orthodoxen Kirchen. Und dieser entließ das Land und seine neue, eigens dafür gegründete Kirche tatsächlich in die Unabhängigkeit. Wie brisant diese Entscheidung war, zeigen die Worte des ukrainischen Präsidenten anlässlich der Bekanntgabe der neuen Kirchenhierarchie: Poroschenko sprach von »der Kirche ohne Putin …, ohne Gift aus Moskau … und ohne Gebet für die russische Armee«.

Die Folgen dieser Entscheidung: ein scharfer religiöser und politischer Konflikt mit Moskau, der Entzug von ukrainischen Kirchengemeinden, auch Handgreiflichkeiten im Streit um orthodoxe Gotteshäuser – und vor allem der dramatische Bruch der Kirchengemeinschaft zwischen den Patriarchaten von Moskau und Konstantinopel. Eine Lösung des Konflikts scheint auch längerfristig nicht in Sicht.

Im Rundblick auf die Beziehungen von Staat und Kirche in Putins Russland wechseln wir noch ein letztes Mal den Schauplatz des Geschehens – und finden das Thema ganz aktuell und besonders brisant, aber weitab der eigenen Staatsgrenzen: in der autonomen Mönchsrepublik des Athos auf griechischem Territorium. Einem Ort, wo – wie es seit Generationen heißt – »die Welt vergessen ist«.

Zwanzig große Klostergemeinschaften aus vielen Teilen der orthodoxen Welt wie auch zahlreiche kleinere Mönchsgemeinschaften und Einsiedler bewohnen dort seit vielen Jahrhunderten die Küsten und Hänge des mehr als 2000 Meter hohen »Heiligen Berges« Athos. Bis 1913 war die Halbinsel – knapp zwei Autostunden von Thessaloniki entfernt – ein Teil des Osmanischen Reiches. Dann kam sie zu Griechenland, das die Verpflichtung einging, die Selbstverwaltung der Klöster zu achten – Außenpolitik und Verteidigung ausgenommen. In geistlicher Hinsicht unterliegt der Athos der Jurisdiktion des Patriarchats von Konstantinopel.

17 der 20 Großklöster am »Heiligen Berg« verstehen sich als griechisch-orthodox, je eines als serbisch- beziehungsweise bulgarisch-orthodox. Das weitaus größte Kloster aber, dem Heiligen Pantaleon geweiht – eine Stadt im Kleinen –, wurde ab dem 19. Jahrhundert weitgehend von russischen Mönchen bewohnt. Während der Zarenzeit brachte eine eigene Schifffahrtslinie die russischen Pilger aus Odessa am Schwarzen Meer zum Athos, Tausende in jedem Jahr. 1917, vor Beginn der »Oktober-

revolution«, zählte das Kloster des heiligen Pantaleon – das sogenannte »Rossikon« – noch an die 2000 Mönche.

POLITIK AM HEILIGEN BERG

Dann aber ging es rasch: Mit dem Sieg des Kommunismus und der folgenden Christenverfolgung in Russland versickerte auch der Zustrom von Mönchen und Pilgern am Athos – und Griechenland sorgte seinerseits dafür, das Kloster Panteleimonos mit seinen vielen Kirchen, Kapellen und der zweitgrößten Glocke der Welt für Gläubige aus Russland weitgehend unerreichbar zu machen. Zu groß war die Sorge, aus dem sowjetischen Herrschaftsbereich könnten nun statt der angeblichen Mönche vor allem verkleidete Agenten der russischen Geheimdienste den heiligen Berg unterwandern.

Der Argwohn der Griechen hatte aber auch ein historisches Argument. Hatte doch schon Zar Peter der Große an der Wende vom 17. zum 18. Jahrhundert von einem wintersicheren »Warmwasserhafen« für Russland geträumt – möglichst am Mittelmeer. Ein strategisches Ziel, das sich bisher aber als unerreichbar erwiesen hatte. Sollte jetzt, so fragten sich nicht nur die Griechen, ausgerechnet der heilige Klosterberg jener Schauplatz werden, an dem Russland als größte orthodoxe Nation seine politischen Ziele verwirklichen würde – mit falschen religiösen

Argumenten errungen – und das ausgerechnet im Zeichen des sowjetischen Atheismus?

So kam es, dass die Klosterstadt Panteleimonos am Ende der 1980er-Jahre, als der Kommunismus nach sieben Jahrzehnten zu Ende ging, schon weitgehend ausgestorben war – und die russische Präsenz am heiligen Berg praktisch am Ende. Bis Wladimir Putin im Jahr 2000 an die Macht kam und in Russland ein neues Zeitalter begann. Mit weitreichenden Auswirkungen – auch für den Athos.

PILGER PUTIN

Überspringen wir jetzt nahezu zwei Jahrzehnte einer zunächst eher unauffälligen, immer aber sehr konsequenten Entwicklung und »landen« wir der Einfachheit halber an einem ganz konkreten Datum: dem 14. Oktober 2016. An diesem Tag blickte die halbe Welt auf die sonst so abgelegene und nur von Männern bewohnte Mönchsrepublik auf der griechischen Halbinsel Chalkidiki im Osten Griechenlands – weil Kremlchef Putin eben dem heiligen Berg der Orthodoxie die Ehre einer »Pilgerfahrt« gab.

An diesem Tag musste sogar der griechische Präsident Pavlopoulos vor der Hauptkirche im Zentrum des Athos geduldig warten, denn der Thronstuhl vor der heiligsten aller heiligen Ikonen Griechenlands gehörte jetzt ganz dem hohen Gast aus Moskau.

Dann ging Putins Fahrt weiter zu »seinem« Russenkloster Panteleimonos, das kaum noch zu erkennen war: Wo noch wenige Jahre zuvor gewaltige Ruinen mit leeren Fensterhöhlen vom Niedergang des russischen Mönchtums am Heiligen Berg zeugten, da dehnte und streckte sich nun ein weitläufiger, architektonisch erneuerter Komplex von Kirchen, Kapellen, Kloster- und Pilgertrakten frischgeputzt nach allen Seiten. Jetzt stand wieder Raum für Hunderte Mönche und Gäste bereit – und das Kloster verdankte dies vor allem der finanziellen Fürsorge der Moskauer Staats- und Kirchenführung.

Zwei Feste galt es an diesem 14. Oktober noch zu feiern: eines zu Ehren der Gottesmutter, die der Legende nach schon wiederholt in Panteleimonos erschienen war. Das andere Fest aus Anlass der Weihe des neugewählten Abtes, den der Kreml-Herr gemeinsam mit dem russischen Patriarchen Kyrill in sein hohes Amt begleiten wollte.

»Wenn Russland die größte orthodoxe Macht ist«, sagte Putin in dieser Stunde in Panteleimonos, »dann sind Griechenland und der Athos seine geistigen Wurzeln!« So eng hatte noch niemand den Glauben mit dem eigenen nationalen Machtanspruch verbunden – und das neue Russland auch mit dem EU-Mitglied Griechenland vernetzt.

Der Pilger Putin war an diesem Tag keineswegs zum ersten Mal am Athos und in Panteleimonos. Schon 2005 hatten Flugzeug, Hubschrauber und Schiff ihn hierhergebracht. Und im Mai 2016, also nur fünf Monate vor der nunmehrigen Abtwahl, war er auch da gewesen, um der angeblich tausendjährigen Anwesenheit russischer Mönche am Athos zu gedenken, die Putin medienwirksam mit Ikonenkuss und einem lauten »Christus ist auferstanden« feierte. Schon in dieser Reise hatten viele Beobachter den geopolitischen Anspruch Russlands auf das spirituelle Zentrum der christlichen Ostkirchen zu entdecken geglaubt.

Damals hatte ihn noch der 101-jährige Abt Jeremiah willkommen geheißen, der kurze Zeit später selig entschlafen war. Die daraufhin notwendige Wahl eines Nachfolgers schien leicht vorhersehbar, denn schon seit vielen Jahren hatte der ukrainische Mönch Makarios das Riesenkloster stellvertretend für seinen greisen »Chef« geführt – zur Freude der Griechen, die seit Jahrzehnten jeden Zuwachs russischer Mönche begrenzt und stets für eine Mehrheit von ukrainischen Klosterbrüdern gesorgt hatten. Zur Sicherheit hatte Athen auch noch zeitgerecht eine griechische Polizeistation an die Klostermauern von Panteleimonos gestellt.

Nun aber war doch alles ganz anders gekommen: Zwischen den beiden Putin-Besuchen von 2016 hatten die 70 wahlberechtigten Mönche des Klosters ihren neuen Abt gekürt. Und siehe da: Nur 37 von ihnen gaben ihre Stimme ab – und nur noch auf 14 Wahlzetteln stand der Name des Ukrainers Makarios. Der russische Mönch Evlogy (»Segen«) aber, der den Großteil seines Lebens in Istanbul und nicht am Athos verbracht hatte, kam mit 23 Stimmen auf Platz eins! Wieso so viele Stimmen fehlten – und wie das Unerwartete geschehen war? Ein Klostergeheimnis.

Die Abtwahl in Panteleimonos und ihr unmittelbares Umfeld fügten sich perfekt in das größere geopolitische Bild. Zeitungen schrieben: »Mehr als ein Vierteljahrhundert nach Ende des Sowjet-Kommunismus wird auch am Athos, dem spirituellen Herz der Orthodoxie, ein neues Kapitel seiner mehr als tausendjährigen Geschichte geschrieben. Und Russland hat die Regie übernommen.«

So kurzlebig das Interesse an Putins »Pilgerreise« zum Athos und an der Abtwahl in Panteleimonos gewesen sein mag, vielerorts werden die Entwicklungen im weltfernen »Garten der Muttergottes« (Selbstbeschreibung) mit stiller Sorge betrachtet und diskutiert – kenntnisreich, aber auch spekulativ. »Der heilige Berg« und gerade das Russenkloster mit ihren zahllosen Wundergeschichten waren ja schon immer ein idealer Nährboden dafür. Legendär all die alten Erzählungen von angeblichen Waffenlagern im Russenkloster, von versteckten Kanonen-Lafetten und geheimen Tunnelsystemen noch aus der Zarenzeit.

So wollten griechische und britische Medien im Umfeld des Putin-Besuches von 2016 im Kloster Panteleimonos sogar Hinweise auf eine russische Geheimdienst-Basis entdeckt haben – als »Beobachtungsstation nahe dem Bosporus und den Dardanellen«. Und der Londoner *Spectator*, das älteste noch existierende Magazin in englischer Sprache, fragte angesichts der so eindrucksvollen, millionenschweren Kloster-Renovierung: »Ist es nicht sehr unwahrscheinlich, dass dies nur eine Kirchenspende zur Rettung der Seelen ist?« Und weiter: »Etwas Tiefgründiges und Unheimliches scheint hier am Werk zu sein: Vielleicht nutzt Russland den Berg Athos als Abhörbasis oder Zentrum seiner Nachrichtendienste, das sich gut hinter der NATO-Frontlinie versteckt – wir bemerkten jedenfalls eine Anzahl verdächtig aussehender Antennen und Satelliten-Schüsseln …«

Jedenfalls: Die alte Erfahrung, dass es kein »heiliger Ort« ganz leicht hat, nur heilig zu sein, zeigte schon die überraschende Abtwahl im Russenkloster. Dies sei, so schrieb eine Athener Zeitung wörtlich und mit weltpolitischem Unterton, »eine schwere Niederlage amerikanischer Interessen (als ›Pate‹ der Ukraine) im geopolitischen Ringen mit Moskau um die Kontrolle im östlichen Mittelmeer-Raum«.

Der neue »Zar der Orthodoxie« habe seinen Anspruch als Führungsmacht angemeldet. Mit doppelter »Bewaffnung« ausgestattet – politisch und religiös …

Solcherart ist auch zu erwarten, dass Putin, ausgestattet mit diesen Attributen, sein Gewicht umso mehr in die Weltpolitik einbringen wird. So wie er schon jetzt im Nahen Osten als Friedensbringer an der Spitze einer Ordnungsmacht auftritt, möchte er auch in Anspruch nehmen, in anderen weltbewegenden Fragen konsultiert und eingebunden zu werden. Russland dürfe nicht abseitsstehen, wenn und wo immer sich die Weltpolitik bewegt. Das ist einer der von Putin schon öfter geäußerten Vorwürfe an die Politik der vergangenen Sowjetunion, ja sogar des vor ihr agierenden zaristischen Russlands, sich nicht rechtzeitig und kraft ihrer politischen und militärischen Stärke in die Weltpolitik eingeschaltet zu haben.

DIE SLAWISCHE GEMEINSCHAFT

Nach wie vor trifft es in Russland auf Unverständnis, dass sich die Sowjetunion beim drohenden Zerfall Jugoslawiens nicht als Schutzmacht der Balkanslawen in den Verhandlungsprozess um die zukünftige Gestaltung des Balkans eingebracht hat. Genau darum ging es doch schon Russland, als es sich im sogenannten Krimkrieg zum Schutz slawischer Interessen auf dem Balkan gegen das Osmanische Reich, aber auch gegen Großbritannien und Frankreich eingesetzt hat.

Das Schicksal Serbiens galt immer schon als wichtiges Interesse Russlands, ist es doch 1914 zum Krieg gegen Österreich-Ungarn angetreten, als die Habsburger Monarchie Serbien zur Verantwortung für die Ermordung des österreichischen Kronprinzen Franz Ferdinand zog. Auch da mangelte es aus der Sicht der heutigen russischen Historiker an der rechtzeitigen Hinzuziehung Russlands zur Beratung der durch die Ermordung ausgelösten Krise. Jetzt da es um das Schicksal Jugoslawien ging, also des direkten Nachfolgers Serbiens, hätte es unbedingt eine Einmischung Russlands in das Krisenmanagement bedurft. Stattdessen handelten die europäischen Staaten im Einvernehmen mit den USA unter völliger Ausschaltung Russlands im gesamten Jugoslawienkonflikt auf eigene Faust.

Die USA zögerten sogar nicht, dem serbischen Präsidenten Milosevic den Krieg zu erklären und Belgrad zu bombardieren, um den westlichen Willen bezüglich der Zukunft Jugoslawiens durchzusetzen. Dies habe zum zweiten Mal die Ausschaltung Russlands aus einem wichtigen, ganz Europa betreffenden Konflikt bedeutet. Die Folge der ersten Ausschaltung Russlands war der Ausbruch des Ersten Weltkriegs, eines Weltereignisses, das nach russischer Ansicht vermieden hätte werden können, hätte man in Wien die Bedeutung Russlands als Schutzmacht der Balkanslawen entsprechend berücksichtigt.

EITELKEITEN, KRIEGSGEPLÄNKEL

So war es vielen Historikern auch unverständlich, dass es zwischen Deutschland und Russland zum Ersten Weltkrieg kommen konnte. Viele waren davon überzeugt, dass es nach der Ermordung des österreichischen Kronprinzen Franz Ferdinand in Sarajewo durchaus zur Verständigung zwischen Österreich, Deutschland und Russland hätte kommen können, wenn der Wiener Kaiser zum Begräbnis Franz Ferdinands seine drei prominenten Verwandten, den Zaren, den deutschen Kaiser und den britischen König eingeladen hätte: Beim Leichenschmaus in Schönbrunn hätten die vier ganz gewiss einen verwandtschaftlichen Weg aus der Krise finden können. Diesen Leichenschmaus in Schönbrunn gab es leider nicht, aus eitlen ständischen Gründen – Franz Ferdinand hatte unter seinem Stand geheiratet, und so wagte es Franz Josef nicht, seine Verwandten aus St. Petersburg, Berlin und London nach Wien zum Begräbnis genau dieses Franz Ferdinand und seiner Gemahlin zu bitten.

Auf die Idee, in den Tagen nach dem Anschlag auf Franz Ferdinand einen Vermittlungsversuch zu unternehmen, der den Krieg und besonders den großen Krieg verhindern hätte können, auf diese Idee kam keiner. Der australische Historiker Christopher Clark, der sich mit der damaligen Lage befasst hat, nannte die Beteiligten an dem kommenden Konflikt »Die Schlafwandler«: Leute, die es hätten wissen müssen und die auch über die Mittel verfügten, es eventuell zu verhindern, taumelten wie Schlafwandler in den Konflikt. Ausgerechnet die Deutschen, denen bis vor Kurzem ihr großer Reichskanzler Otto von Bismarck den richtigen Weg gewiesen hatte und der mit dem von ihm erdachten Rückversicherungsvertrag Deutschland aus jedem Konflikt mit Russland heraushalten wollte, hatten nun jede Vorsicht vergessen.

Insbesondere der Generalstab, hatte nur einen Plan fix vor sich. Den Schlieffen-Plan – wie wäre es anzulegen, um Frankreich zu schlagen. Zu Beginn eines Krieges hätte Preußen-Deutschland seine gesamte Militärkraft auf die Westfront zu konzentrieren, die französische Abwehr niederzuwerfen und Paris einzunehmen. Die gesamte Abwehr – der Osten war mittlerweile preiszugeben. Was würde dort schon geschehen? Die Russen würden versuchen, in Ostpreußen einzudringen. Das könnte man tolerieren, um nach dem Sieg über Frankreich mit der ganzen Heeresmacht ein »Kehrt euch« zu veranstalten und die Russen aus Deutschland wieder hinauszuwerfen. Mit einem nachhaltigen Widerstand in Frankreich hatte man also nicht gerechnet. Wohl aber – nachher – mit einer schnellen Niederlage Russlands. Auch da hatten sich die deutschen Generalstäbler verrechnet. Die Russen erwiesen sich als widerstandsfähiger und als vaterlandstreu.

FEIND IM EIGENEN LAND

Dabei hatte der Zar in Russland vor allem mit dem eigenen Feind im Land zu rechnen. Der wachte auf – im März 1917. Es waren die Frauen in den Munitionsfabriken bei St. Petersburg, die am sogenannten Weltfrauentag die Arbeit niederlegten und auf die Straße zogen, um gegen den Krieg und für einen raschen Frieden zu demonstrieren. Dass es die Frauen waren und nicht die Soldaten, war von besonderer Bedeutung. Denn der Zar zögerte nicht. Er befahl den Garnisonen in St. Petersburg und Moskau, gegen die demonstrierenden Frauen hart vorzugehen. Genau das aber passte den Soldaten nicht – loszugehen gegen die eigenen Frauen? Das passte nicht in den Ehrenkodex der russischen Armee. Die Soldaten verweigerten den Dienst. Ja mehr noch, sie neigten dazu, sich auf der Straße mit den demonstrierenden Frauen zu verbrüdern. Zum Schluss zogen sie mit den Frauen gemeinsam zur Duma, dem Parlament, und brachten dort zusammen mit ihnen eine zentrale Forderung vor: Der Zar habe sofort Frieden zu schließen oder abzutreten. Da er nicht gewillt war, Frieden zu schließen, bestand man auf den Rücktritt. Und der Zar folgte – er trat zurück.

Und in Russland ergab sich Erstaunliches: Freie Wahlen wurden durchgeführt – ein westeuropäisches Konzept. Und nach westeuropäischem demokratischem Muster wurden auch Parteien gegründet und stellten sich zur Wahl. Allen voran die Menschewiki, die gängige russische Bezeichnung für Sozialdemokraten. Und sie gewannen die Wahl. Und sie waren entschlossen, die Führung Russlands zu übernehmen. Gleichzeitig aber ließen sie sich von der »Verantwortung« leiten, nämlich der Verantwortung Russlands, seine Bündnisverpflichtungen einzuhalten gegenüber den westlichen Verbündeten, Frankreich und Großbritannien. Frieden ja, aber nicht auf Kosten der Verbündeten. Und das ging einfach nicht. Man stellte die Regierung, und man fand sogar einen Ministerpräsidenten, Alexander Kerenski, Mitglied der sogenannten Partei der Sozialrevolutionäre, auch Abkömmlinge der Sozialdemokraten.

WILLE ZUM FRIEDEN

Kerenski bildete eine Regierung, war bereit, über einen Frieden zu verhandeln, aber bis dahin Russland am Krieg weiterhin teilnehmen zu lassen. Das war zu wenig. Vor allem für die Soldaten selbst. Entlang der gesamten Front kam es zur Feuereinstellung, wurden weiße Fahnen gehisst, stiegen die Soldaten über die Schützengräben hinweg zu den deutschen Kameraden, umarmten diese, tauschten ihre Mützen und schlossen auf ihre Weise Frieden mit dem Feind.

Dem deutschen Generalstab entging das nicht, und gemeinsam mit der Regierung fassten sie einen besonderen Plan. Sie wussten, dass eines der stärksten Elemente in St. Petersburg die Kommunisten waren, oder, wie man sie in Russland nannte, die Bolschewiken. Und dass diese auf ihre Weise einen Umsturz herbeiführen und auch den Frieden erzwingen wollten. Der deutsche Spionagedienst arbeitete gut, er fand heraus, dass einer der führenden Bolschewiken, wahrscheinlich sogar der wichtigste, im Schweizer Exil, in Zürich lebte, sein Name Wladimir Iljitsch Uljanow, genannt Lenin. Und so wurde in Berlin ein kühner Plan entworfen: Dieser Uljanow Lenin sollte von Deutschland eingeladen werden, mit einem Zug über Deutschland und Schweden nach Finnland und von dort nach St. Petersburg gebracht zu werden.

Der Zug wurde von Deutschland gestellt und erwartete Lenin an der Schweizer Grenze. Dieser kam gleich mit seiner Frau und einer ganzen Reihe von bolschewikischen Mitverschwörern. Und brav wurden sie aufgenommen und quer durch Deutschland transportiert – in plombierten Eisenbahnwaggons.

Sie trafen auch prompt in St. Petersburg ein, wurden dort von einer ohnedies schon revolutionär bewegten Menschenmenge begrüßt.

Im Winterpalais hingegen, dem bisherigen Sitz des Zaren, tagte Kerenski an der Spitze der von ihm gebildeten provisorischen Regierung.

Er musste gestürzt werden, das war Lenin klar. Und er engagierte sich als wichtigsten Gehilfen einen anderen bolschewistischen Revolutionär – Lew Dawidowitsch Bronstein, von den Genossen kurz Trotzki genannt. Trotzki organisierte schnell die sogenannten Roten Garden, treu ergebene Kommunisten, die sich bewaffnen ließen und bereit waren, für die kommunistischen Ziele auch zu kämpfen.

MACHTWECHSEL OHNE DRAMA

Interessanterweise besaßen diese führenden Kommunisten offenbar keine Uhren. So setzte Lenin fest, dass die Rotgardisten mit der Besetzung des Winterpalais und damit mit der Vertreibung der Regierung Kerenski beginnen sollten, wenn von einem im Hafen von St. Petersburg liegenden Zerstörer mit dem Namen Aurora, der sich in der Hand der Kommunisten befand, ein Schuss gegen den Zarenpalast abgegeben werde. Der Schuss erfolgte am 25. Oktober nach dem julianischen Kalender. Daraufhin drangen die Bolschewiken in das Winterpalais ein, wo die Regierung Kerenski gerade tagte. Es gab keinen Widerstand, weder bei der Hausbesetzung noch danach im Palast selbst. Kerenski selbst beendete die Regierungssitzung und verließ noch unbehelligt das Winterpalais. Die Bolschewiken feierten ihren Sieg. Und weil der so völlig friedlich und ohne Blutvergießen erzielt wurde, waren sie danach bestrebt, aus dem Spaziergang in den Zarenpalast einen revolutionären Sturm zu machen. Dieser wurde nachträglich von dem genialen Filmemacher Sergei Eisenstein unter dem Namen »Oktober« auch prompt inszeniert und sehr dramatisch gestaltet. Seither gelten die Vorgänge im Film als das wahre Oktober-Ereignis, das im Grunde genommen kein Ereignis war, sondern eine völlig friedliche Machtübernahme.

Aber wie auch immer, jetzt hatten die Bolschewiken die Regierung und damit Russland in der Hand. Und sie hatten die richtige Parole, um starke Unterstützung in der Bevölkerung zu finden: »Friede und Brot!« Eine Parole, die nicht nur in Russland Zustimmung fand, sondern bald auch in Österreich und in Deutschland ihren Widerhall hatte. Friede und Brot, das wünschten sich auch die Sozialdemokraten in Wien, und das wünschten sich viele Matrosen und Soldaten in Deutschland und wurden dabei auch von Teilen der Bevölkerung unterstützt.

Lenin und Trotzki gingen auf zwei Ebenen taktisch vor: Sie schlugen den Mittelmächten Deutschland und Österreich-Ungarn einen raschen Frieden vor, und sie suchten dafür auch die weite Unterstützung der Bevölkerung Russlands. Aber es sollte nicht Russland bleiben, man suchte nach einer neuen Form, das bisherige Zarenreich zu umschreiben. Und man machte es schlau: Die einzelnen Volksstämme in diesem riesigen Reich sollten jeweils ihre eigenen Regierungen bilden, natürlich sie alle mithilfe der Kommunisten und diesen jeweils an der Spitze. So würden im gesamten Zarenreich viele »Sozialistische Sowjetrepubliken« zustande kommen und würden dann unter dem Namen »Sozialistische Sowjetrepubliken« zur »Sowjetunion« geeinigt werden. Die größte und mächtigste dieser Sowjetrepubliken war und blieb Russland – oder, wie sie sich jetzt nannte, die »Russische Föderative Sowjetrepublik«, international eingegangen mit dem Kürzel SSSR – oder in kyrillisch CCCP.

Das sollte am Ende der Tage bei der Auflösung der Sowjetunion im Jahre 1990 eine entscheidende Rolle spielen. Denn als der damalige Staatspräsident der Sowjetunion, Boris Jelzin, nicht mehr in der Lage war, die Sowjetunion als Staat zusammenzuhalten, und sich entschloss, selbst die Herrschaft nur über Russland zu übernehmen, gründete er seine »Russische Föderative Republik« und nannte sie Russland.

GORBATSCHOWS FELDZUG

Niemand in der Welt hatte daran gedacht oder es auch nur für möglich gehalten, dass die mächtige, mit Atomraketen und Weltraum-Ambitionen ausgestattete Sowjetunion auf derart sang- und klanglose Art untergehen würde. Der Mann, der dies eigentlich zustande brachte, hieß Michail Gorbatschow. Er erfand die beiden ausschlaggebenden Schlagworte: »Glasnost und Perestroika« – Transparenz und Umstrukturierung. Gemeint war eine umfassende Demokratisierung des gesellschaftlichen und wirtschaftlichen Lebens der Sowjetunion. Gorbatschow zog mit seinen zwei Schlagworten kreuz und quer durch die Sowjetunion.

Dass das Land eine neue Gesellschaftsordnung brauchte, war für viele klar, wie das aber vor sich gehen sollte, blieb weiter offen. Eine Gelegenheit für Altbolschewiken und Gegner jeglicher Reformen, gegen Gorbatschow zu putschen. Gorbatschow, der gerade am Schwarzen Meer seinen Urlaub verbrachte, wurde dort von den Putschisten festgesetzt, während sie in Moskau versuchten, die Macht zu ergreifen. Hier allerdings stießen sie auf den Widerstand des amtierenden russischen Präsidenten Jelzin, und der setzte die Armee gegen die Putschisten in Gang. Das Weiße Haus, der Sitz des russischen Parlaments, der Duma, wurde zunächst von den Putschisten belagert, aber dann von regierungstreuen Panzern erobert.

Jelzin verkündete das Ende der Sowjetunion und den Beginn eines neuen Staates gemäß dem traditionsreichen Bild von Lenins Verkündigung des Endes des Zarenreiches auf einem Panzer stehend.

Gorbatschow wurde befreit und nach Moskau zurückgeflogen, wo ihm aber nichts anderes übrig blieb, als gemäß dem Wunsch Jelzins den Obersten Sowjet, das Führungsgremium der

Sowjetunion, aufzulösen und die Sowjetunion in die Geschichte zu verabschieden. Jelzin ergriff die Macht in der eigenen Russischen Sowjetrepublik und nannte sein Land von nun an »Russische Föderative Republik«. Das ist Russland in seinen Grenzen von Königsberg an der Ostsee bis Wladiwostok am Pazifik. Im Wesentlichen das bisherige in Europa liegende Westrussland und die ganz große Landmasse von Sibirien bis an die chinesische Grenze.

EIN MACHTSYSTEM GEHT UNTER

Die Folge dieses historischen Umschwungs war nicht nur das Ende der Sowjetunion, sondern auch das des sowjetischen Imperialismus, heißt, des gesamten russischen kommunistischen Machtsystems. Drei kleinere Sowjetrepubliken nützten die Chance, sich gleich vom bisherigen russischen Mutterland zu verabschieden: die baltischen Republiken Estland, Lettland und Litauen. Auch Weißrussland und die Ukraine erklärten ihre Selbstständigkeit. Die in der Sowjetunion streng zusammengehaltene Staatengemeinschaft rund um den Kaukasus zerfiel ebenfalls in ihre Bestandteile: Armenien, Aserbaidschan, Turkmenistan, Georgien, Tschetschenien, Kasachstan, Kirgisistan, Moldawien, Tadschikistan, Usbekistan. Sie alle bildeten später die sogenannte GUS, Gemeinschaft Unabhängiger Staaten, mit teilweise recht selbstständig und unabhängig herrschenden Regierungen.

Aber noch unter der Präsidentschaft Jelzins versuchte der von Jelzin eingesetzte Ministerpräsident der Russischen Föderation, Wladimir Putin, die Unabhängigkeitsbestrebungen dieser einzelnen Republiken wenn möglich etwas einzuengen. Als die Tschetschenen sich lossagen wollten, führte Putin Krieg und ließ Tschetschenien besetzen; als die Georgier Ansprüche gegenüber zwei Landstrichen im Gebiet der Russischen Föderation erhoben, ließ auch da Putin seine russischen Panzer vorfahren. Das hieß, Putin versuchte, und versucht noch immer, so viel an direktem russischem Einflussgebiet zu erhalten wie möglich.

Der größte Brocken, der ihm dabei in den Weg kam, war die Ukraine. Sie versuchte, ihre neugewonnene Unabhängigkeit zu nutzen und einen Assoziierungsvertrag mit der Europäischen Union zu schließen. Das war ein Schritt zu viel in den Augen Putins. Die Ukraine – die eigentliche Wiege Russlands: Hier in Kiew und in Nowgorod wurde Russland geboren, von hier aus breitete sich die »Rus« bis an ihre heutigen Staatsgrenzen aus. Die Ukraine wollte Putin nicht loslassen. Er bewegte den ukrainischen Präsidenten dazu, das Abkommen mit der Europäischen Union nicht in Kraft zu setzen und dafür selbst seinen eigenen Präsidentschaftsposten aufzugeben und nach Russland zu fliehen. Genau genommen war es ein pro-russischer

Putsch, der da über die Bühne ging, mit heftigen Protesten in der Hauptstadt Kiew, wo es auch zu blutigen Auseinandersetzungen kam. Doch am Ende siegte der russlandtreue Flügel, und die Ukraine hatte ihre Ambitionen, der Europäischen Union beizutreten, aufzugeben.

Sozusagen als Faustpfand schnappte sich Putin dafür gleich die ukrainische Halbinsel Krim, auf der sich in der Stadt Sewastopol auch der Hauptstützpunkt der russischen Schwarzmeerflotte befand. Ein nach kommunistischem Muster durchgeführtes »Referendum« auf der Krim beschloss dann offiziell den Beitritt der Krim zur Russischen Föderation. Putin ließ dazu noch eine Landbrücke vom Asowschen Meer über den Schwarzmeerausläufer auf die Krim bauen. Das ist das vorläufige, aber wahrscheinlich auch endgültige Schicksal der Krim. Einst war sie vom Osmanischen Reich bedroht und beansprucht. Dann führte Russland Krieg um den Besitz der Krim, einen Krieg, den die Osmanen und das mit ihnen verbündete Großbritannien gewannen.

Erst Chruschtschow, der erste Nachfolger Josef Stalins an der Spitze der Sowjetunion, wollte sich die Zustimmung und Loyalität der Ukraine erkaufen, indem er die Krim offiziell der Ukraine zum Geschenk machte. Die Ukraine nahm das Geschenk gerne an, dachte aber nicht daran, damit ihre Unabhängigkeit preiszugeben. Im Gegenteil, das Ziel der Ukraine blieb die Europäische Union.

GRIFF NACH DER KRIM

In dem Zusammenhang ist es interessant, einen Blick zurückzuwerfen auf die Geschichte Russlands und der Krim, ursprünglich war die Krim immer schon von Russland dominiert worden. Es war in der Mitte des 19. Jahrhunderts, genau genommen im Jahre 1853, als die Krim für Russland zur Schicksalsfrage wurde. In diesem Jahr fühlte sich Russland, damals noch unter dem Zaren Nikolaus I., als die führende Ordnungsmacht Europas. Nach der Niederlage Napoleons in Russland war im Wiener Kongress die künftige Rolle der europäischen Großmächte in Europa festgelegt worden.

Fünf Staaten waren es, die das künftige politische Gleichgewicht in Europa garantieren sollten. Ihr Zusammenspiel sollte Europa vor künftigen großen Kriegen bewahren, die fünf Mächte hätten stets gemeinsam für Ordnung und Frieden Sorge zu tragen gehabt. Das waren die Staaten Russland, Frankreich, Österreich-Ungarn, Preußen, das heißt Deutschland, und Großbritannien. Im Jahre 1853 kam es in Jerusalem zu Auseinandersetzungen zwischen der griechisch-orthodoxen und der katholischen Kirche. Die Orthodoxen beanspruchten in Jerusalem sozusagen die Oberaufsicht über die Grabeskirche Christi, deren Schlüssel sie bewahrten und damit deren Zugang überwachten. In Russland sah man in diesem Streit den Versuch der Katholiken, die Ansprüche der

Griechisch-Orthodoxen zu dominieren, und man beschloss den Fürsten Menschikow nach Konstantinopel zu entsenden, um auf die türkische Regierung einzuwirken und sie zum Nachgeben in der Frage der Grabeskirche in Jerusalem zu bewegen.

Menschikow, der gleichzeitig auch ein Admiral der russisch-zaristischen Flotte war, benahm sich nicht gerade sehr diplomatisch, kam mit seinen Verhandlungen nicht weiter und war dabei, seine Mission abzubrechen und nach Russland heimzukehren, allerdings nicht ohne vorher dem Osmanischen Reich zu drohen. Russland werde sich das Vorgehen in Jerusalem nicht gefallen lassen, und Menschikow stellte ultimativ die Forderung, die Türkei, also das Osmanische Reich, möge Russland als Schutzmacht für alle griechisch-orthodoxen Bürger in ihrem Reich anerkennen. Die Türkei weigerte sich, auf diese Forderung einzugehen, und bat die beiden europäischen Mächte Großbritannien und Frankreich um Schutz vor den russischen Ansprüchen.

Für Großbritannien war das eine willkommene Entwicklung, die Engländer fürchteten schon seit einiger Zeit, dass Russland die Schwäche des Osmanischen Reiches benützen könnte, um seinen Einfluss über die Dardanellen und den Bosporus hinaus auf das Mittelmeer auszudehnen. Dies bestärkte einmal mehr die schon seit Längerem bestehende Furcht Großbritanniens, der britische Weg zu seinem wertvollsten Kolonialgebiet Indien könnte von Russland im Mittelmeer bedroht werden. Unterstützt von Großbritannien sollte die Türkei daher die russischen Vorschläge ablehnen.

Aber es meldete sich auch noch ein zweiter Verbündeter der Osmanen, nämlich Frankreich. Dort hatte sich Napoleon III. als Nachnachfolger Napoleons an die Spitze des Staates gehievt mit dem Ziel, Frankreich wieder zu einer führenden Großmacht in Europa zu machen. Auch er war sofort bereit, an die Seite der Türkei zu treten und damit Russland einzubremsen. Solcherart bestärkt ließen die Osmanen es auf einen Bruch mit Russland ankommen, und im Oktober 1853 erklärte die Türkei Russland den Krieg, kurz danach , im März 1854, gefolgt von Großbritannien und Frankreich. Die britische und die französische Flotte setzten Kurs auf den Bosporus und liefen in das Schwarze Meer ein.

Nun wachte man auch in Wien auf. Hier hatte man schon seit Längerem argwöhnisch auf Russland geschaut. Die Russen hatten die beiden Donaufürstentümer Walachei und Moldau besetzt und begannen, die strategisch wichtige türkische Festung Silistra zu belagern. Gleichzeitig griff die russische Schwarzmeerflotte im Hafen von Sinope die dort befindlichen türkischen Schiffe an und versenkte sie. Nun richtete Österreich eine drohende Aufforderung an Russland, die beiden Donaufürstentümer zu räumen, oder sie hätten mit einem Eingreifen Österreichs in den Krieg gegen Russland zu rechnen. Der Zar gab nach, und die Türkei willigte ein, dass die Walachei und Moldau von Österreich besetzt werden konnten. So blieb Österreich zwar dem Krieg fern, aber stellte damit eine ständige Bedrohung gegen Russland dar, das somit an die hunderttausend Soldaten dauerhaft für ein mögliches Eingreifen gegen Österreich bereithalten musste – eine erhebliche Hilfe für die Sache der Türkei und der Westmächte.

DAS SEWASTOPOL-CHAOS

Diese entschlossen sich nun, den Feldzug gegen Russland auf der Krim beginnen zu lassen. Das war logisch: Hier befand sich die starke Festung Sewastopol, in deren Hafen die russische Schwarzmeerflotte lag. Und die tat auch gleich etwas ganz Unerwartetes: In Anbetracht der vor der Krim aufkreuzenden Flotten Englands und Frankreichs versenkten sich die russischen Schwarzmeer-Kriegsschiffe im Hafen von Sewastopol selbst. Damit sollten die westlichen Flotten daran gehindert werden, in den Hafen von Sewastopol einzufahren. Nun entschlossen sich die Engländer und Franzosen, mit insgesamt rund 50 000 Soldaten an der Küste vor Sewastopol zu landen und mit einer Belagerung der Stadt zu beginnen. Gleichzeitig wurde Sewastopol von den Kriegsschiffen der Franzosen und Engländer mit zahlreichen Kanonen angegriffen.

Die Belagerung Sewastopols aber entwickelte sich zum Chaos, die Briten hatten ihre Truppen ohne Zelte und ohne Spitalsausrüstung an Land gebracht. Aber schon in den ersten Tagen der Belagerung wurde Sewastopol von einem stürmischen Orkan heimgesucht, und der Boden verwandelte sich unter den Regenmassen schnell in ein einziges Moor. Die britischen Truppen – ohne jede Ausrüstung – mussten inmitten dieses Moores schlafen und ausharren. Sehr schnell verbreiteten sich mehrere Seuchen unter den Soldaten: Sie erkrankten an Cholera, Ruhr und Skorbut. Nicht nur die Soldaten, auch fast alle ihre kommandierenden Offiziere, darunter die Oberkommandierenden.

Die Kriegsberichterstatter der Londoner *Times* schilderten in ihren Berichten das ganze Elend des britischen Expeditionskorps. Königin Victoria war entsetzt. Eine einzige Frau wurde zur Hoffnungsträgerin der Briten: Die Krankenschwester Florence Nightingale. Sie versuchte mit allen Mitteln, den erkrankten und verwundeten Soldaten beizustehen. Es war ein nahezu hoffnungsloses Unterfangen. Unter anderem fehlte es den Briten an Tragbahren und Spitalbetten. Die Chirurgen neigten dazu, den verwundeten Soldaten die Arme und Beine abzuschneiden, weil sie für eine langwierige Behandlung nicht ausgerüstet waren. Hunderte Flaschen von Whiskey, Cognac und Wodka wurden verbraucht, um den Verwundeten die Schmerzen zu erleichtern.

Zu einem tragischen Geschehen kam es, als man der kampfstarken Leichten Brigade der britischen Armee den Angriff auf die vor Sewastopol befindliche russische Hauptkampflinie anordnete. Das Oberkommando handelte dabei offensichtlich ohne entsprechende Aufklärung über Stärke und Ausrüstung der Russen. Die Leichte Brigade verhielt sich, wie sie sich in vielen Schlachten schon vorher stets verhalten hatte: Sie griff in breiter Front an, musste aber zu diesem Zweck erst in ein Tal eindringen. Die Briten erwarteten, dass sie am Fuß des Tales über den Gegner herfallen könnten. Mit gezogenen Säbeln und in vollem Tempo stürzten sie sich in das Tal und wurden völlig überrascht, als die Russen von allen Seiten mit Kanonen auf sie schossen. Kanonen gab es vor ihnen, Kanonen gab es zu ihrer Linken und zu ihrer Rechten. So wurde die Leichte Brigade von allen Seiten mit schwerem Geschützfeuer eingedeckt. Die Kavalleristen erreichten mit den gezogenen Säbeln nicht einmal die erste Linie der Russen. Als sie die Hoffnungslosigkeit ihres Angriffes begriffen und den Rückzug antreten wollten, schlossen die Russen auch noch ihre Artillerieblockade hinter der Leichten Brigade. Jetzt saß diese endgültig in der Falle und wurde nun von vier Seiten mit schwerem Geschütz beschossen. Das hat kein einziger der 600 Kavalleristen überlebt. Es war der tragischste Moment des Krimkriegs für die Briten. Dieser wurde kurz danach in dem Gedicht *The Charge of the Light Brigade* vom damals sehr bekannten britischen Dichter Lord Alfred Tennyson verarbeitet darin die Zeilen: »Into the Valley of Death / Rode the Six Hundred«. Ein Gedicht, das auch heute noch in allen englischen Schulen gelehrt wird, und jeder patriotische Brite kennt die Zeilen, die davon berichten, wie tapfer und unerschrocken die 600 Soldaten auf ihren 600 Pferden in den sicheren Tod geritten waren.

Trotz dieses schrecklichen Verlustes setzten die Briten auf der Seite der Franzosen ihren Angriff auf Sewastopol fort. Die britische und die französische Flotte waren vor der Küste aufgefahren und unterstützten den Angriff auf Sewastopol mit dem vollen Einsatz ihrer schweren Artillerie.

Letztlich gelang es den Briten, die Festung Sewastopol, die nur noch ein zusammengeschossener Trümmerhaufen war, zu erobern, und letztlich war dies auch kriegsentscheidend: Die Franzosen, von vielen für die Armee aufopfernd sorgenden katholischen Klosterschwestern unterstützt, drangen als erste in Sewastopol ein, der Krimkrieg war entschieden.

Aber es wurde nicht nur auf der Krim gekämpft. Britische Flottenverbände drangen auch in die Ostsee ein und beschossen St. Petersburg und Helsinki. Selbst am Pazifik gab es Krieg. Britische Kriegsschiffe nahmen Kamtschatka unter Beschuss. In die Annalen der Kriegsgeschichte gingen all diese Gefechte mit dem Namen Krimkrieg ein.

Russland verlor diesen Krieg. Aber die Verluste der Briten und Franzosen, vor allem durch die Ausbreitung der Seuchen und die mangelnde sanitäre Betreuung der Verwundeten, waren enorm. Österreich blieb nach der Besetzung der Donaufürstentümer dem Krieg selbst fern, ebenso wie Preußen, zu militärischen Auseinandersetzungen kam es lediglich noch zwischen Russen und Polen, aber ohne nachhaltige Folgen. Man kann in Kenntnis dieser Geschichte vom Krieg um die Krim verstehen, dass die Krim noch bis zum heutigen Tag für Russland viel bedeutet. Präsident Putin jedenfalls zeigte sich entschlossen, eine neue Katastrophe für Russland auf und in der Krim nicht zuzulassen, obwohl die heutige Krim kein russisches Territorium mehr war.

SEIDE UND PORZELLAN

Dass sich Russland so sehr gegen einen Abfall der Ukraine und ihre Zugehörigkeit zur Europäischen Union wehrte, ist wie gesagt schon in der Entstehungsgeschichte Russlands selbst verankert. Es waren interessanterweise Skandinavier, ursprünglich angeblich Wikinger, die die russischen Flüsse, die in die Ostsee münden, flussaufwärts zu erobern trachteten, um sich damit den wichtigen Handelsweg nach Konstantinopel zu verschaffen. Auf diesem wichtigen Handelsweg nach Konstantinopel stießen die

Skandinavier erstmals auf eine slawische, eine russische Volksgruppe, die aber etwa um das Jahr 1000 staatlich nicht organisiert war. Es waren diese Wikinger, die die russische Völkerschaft dazu brachten, sich selbst zu formieren und eigene Fürstentümer zu gründen. Das waren die Fürstentümer von Kiew und von Nowgorod. Beide waren recht erfolgreich. Sie lagen am europäischen Ende einer der damals wichtigsten Handelsrouten der Welt – der Seidenstraße von China nach Europa. Und sie begannen, den über diesen Karawanenweg geöffneten Fernhandel auch bald zu beherrschen. Zwei Luxusgüter waren es vor allem, die über diese Karawanenstraße nach Europa gelangten: Seide und Porzellan. Die Seide wurde bald an den Fürstenhöfen Europas, insbesondere auch in Russland selbst, als besonders beliebter Bekleidungsstoff geschätzt, ebenso wie das in China produzierte und noch nicht in Europa nachgeahmte Porzellan.

Der wichtigste Rohstoff aber, der im russischen Fürstentum Nowgorod an der Spitze aller Handelsgüter stand, kam nicht aus China, sondern aus Sibirien. Die Kosaken, die von sich aus über die Landesgrenze nach Sibirien vordrangen, hatten sich die endlosen Wälder Sibiriens zu ihrem besonderen Jagdgebiet gemacht. Hier erlegten sie die Tiere, deren Felle und auch deren Leder sie in der russischen Heimat und darüber hinaus beinahe in ganz Europa teuer verkaufen konnten. Das war vor allem das Fell des Zobels, das als das feinste und beste galt, gefolgt von Nerz und eigentlich allen anderen Pelztieren, die die Kosaken in Sibirien jagten. Eine Zeit lang galten die Felle in den russischen Fürstentümern als gängige Währung: Die wichtigste Einzelwährung bildeten die Felle der Eichhörnchen. Ganze Staatsbudgets wurden mit solchen Fellen abgerechnet. Und der größte Umschlagplatz für die Felle war Nowgorod, eine der beiden russischen Hauptstädte. Erst später wurden beide Russländer, das von Kiew und das von Nowgorod, von einem dritten russischen Fürstentum abgelöst und eingelöst, vom Fürstentum Moskau, das letzten Endes das entscheidende russische Fürstentum wurde.

Zwei Männer aber waren es, die die Entwicklung des russischen Zarenreiches im 19. Jahrhundert entscheidend beeinflussen sollten: Das waren der vom Zaren zum Generalgouverneur Sibiriens ernannte Nikolai Nikolajewitsch Murawjow und der junge Kapitänleutnant Newelskoi. Sie trafen sich am St. Petersburger Hof und unterhielten sich über Sibirien. Beide hatten mit dem Riesenland hinter dem Ural einige Erfahrung. Und beide waren der Meinung, dass es Russland zustünde, dieses Land hinter dem Ural und bis zum Pazifischen Ozean für sich in Anspruch zu nehmen. Aber beide kannten auch den Befehl des russischen Zaren: Hände weg von jedem Konflikt mit China. Das also war der springende Punkt: Wie sehr hatte

China bereits sein Augenmerk auf Sibirien gerichtet? Und wenn dem so war, was hatten die Chinesen diesbezüglich bereits getan oder wollten sie in die Wege leiten?

SIBIRISCHER GEHEIMPAKT

Diese Fragen ließen sich nicht beantworten, ohne dies an Ort und Stelle zu erkunden. Und so schlossen die beiden Sibirienkenner einen geheimen Pakt. Der Marineoffizier Newelskoi sollte ein russisches Kriegsschiff an die Pazifik-Küste bringen – nach Port Arthur, den von der russischen Pazifikflotte schon genutzten und von den Japanern im japanisch-russischen Krieg 1904 angegriffenen Hafen.

Newelskoi schlug vor, das Schiff zwar dorthin zu bringen, sich dabei aber Zeit zu lassen und mit dem Schiff erst einige Erkundigungen im Fernen Osten durchzuführen. Murawjow war hocherfreut und stellte Newelskoi vor allem zwei Fragen: Wie sieht die Lage an der Mündung des Flusses Amur aus? Liegt Japan unmittelbar vor Sibirien, oder hat Sibirien einen freien Zugang zum Pazifik? Einen solchen freien Zugang konnte es nur an der Mündung des Amur geben, des einzigen Flusses Sibiriens, der von West nach Ost fließt und im Pazifik mündet. Und war der Amur breit und tief genug, um auch Hochseeschiffe aufzunehmen, und könnte er vom Pazifik her befahrbar sein?

Newelskoi machte sich auf den Weg, und er traf auch pünktlich an der Mündung des Amur an der Pazifik-Küste Sibiriens ein. Und er konnte die Fragen Murawjows schon in Kürze beantworten: Vor der Küste Sibiriens lag nicht Japan, sondern eine große Insel, von der aber nicht bekannt war, dass sie von Japan beansprucht sei. Die Insel wurde Sachalin genannt. Und Newelskoi fuhr mit seinem Schiff auch in den Amur ein – er fand durchaus eine breite und tiefe Rinne, die von Hochseeschiffen befahren werden konnte. Newelskoi beeilte sich, diese Nachrichten so rasch wie möglich seinem Freund Murawjow zukommen zu lassen. Aber der hatte auf Newelskois Antwort ungeduldig gewartet, sich dann aber entschlossen, Newelskoi entgegenzufahren – Murawjow begab sich an den Amur und erwartete dort seinen Freund Newelskoi. Der kam und brachte die Antworten: Sachalin ist nicht japanisch, sondern eine Insel, und der Amur ist schiffbar. Für Murawjow waren diese Antworten so viel wie ein Auftrag: Wenn das stimmte, stand einer Besiedlung des Amur durch Russland nichts im Wege, und die sollte so rasch wie möglich erfolgen, jedenfalls schneller als ein eventueller Entschluss Chinas, dasselbe von chinesischer Seite her zu versuchen.

Der Amur war vorher schon von russischen Kosaken entdeckt und halbwegs erkundet worden. Diese Kosaken bestätigten in ihren Aussagen auch das, was Newelskoi herausgefunden hatte: Beide Ufer des Amur waren von den Chinesen weder besetzt noch beansprucht worden, aber vereinzelt hatten sich Chinesen schon auf beiden Ufern angesiedelt, und es war wahrscheinlich nur noch eine Frage der Zeit, ehe China den vereinzelten Siedlern mit Eroberungsabsichten folgen werde. Doch wie stand es nun mit den Ansichten des russischen Zaren? Der hatte ausdrücklich befohlen: keinen Konflikt mit China!

WO DIE FAHNE IST, IST RUSSLAND

Doch Newelskoi wagte die Befehlsverweigerung: Er fuhr in den Amur ein und ließ am linken Ufer des Amur, also auf der russischen Seite, eine russische Fahne hissen. Mit anderen Worten, Newelskoi nahm von sich aus im Namen Russlands das linke Ufer des Amur in Besitz. Davon verständigte er Murawjow. Und der wagte es, den Zaren von dieser Befehlsverweigerung Newelskois zu unterrichten. Murawjow erklärte dem Zaren, dass am linken Ufer des Amur von Newelskoi bereits die russische Fahne gehisst worden war. Die Reaktion des Zaren aber kam anders, als erwartet. Der Zar antwortete Murawjow: »Wo die russische Fahne einmal gehisst ist, darf sie nicht eingeholt werden – dort ist Russland.« Und dabei blieb es, Murawjow verständigte Newelskoi von der Entscheidung des Zaren, und beide waren nun bereit, zumindest das linke Ufer des Amur voll für Russland in Anspruch zu nehmen. Newelskoi ordnete dem nächsten Kosakentrupp an, das linke Ufer des Amur zu besetzen und – wenn möglich – gleich zu besiedeln.

Da gab es jedoch einige Bedenken der Kosaken: Sie wollten dort nicht siedeln. Sie seien ja nur nach Sibirien gekommen, um hier zu jagen und die Felle in Russland zu verkaufen. Was hätten sie am Amur verloren – vor allem weigerten sie sich, ohne Frauen mit einer Besiedlung des Gebiets zu beginnen. So kam es zu den bereits erwähnten Murawjow-Amurski-Hochzeiten. Murawjow ließ die Lager der Strafgefangenen öffnen und holte auch verbannte Frauen an das Ufer des Amur und bot sie den freigelassenen Gefangenen als Ehefrauen an. Das galt nun auch für die Kosaken, und auch die ließen sich die Gelegenheit nicht entgehen, sie holten sich die Frauen aus den Lagern, und sie siedelten am linken Ufer des Amur.

FESTGESCHRIEBENE GRENZE

Es gab danach noch einige Versuche Chinas, zumindest die Gebiete entlang des Amur und des anderen Grenzflusses Ussuri für sich in Anspruch zu nehmen. Doch die Russen blieben hart, sie beriefen sich auf Verträge, die sie dem chinesischen Kaiser abgerungen hatten und in denen er auf die Gebiete verzichtet habe. Dieser

Konflikt ist bis heute nicht endgültig erledigt zwischen Russland und China. Doch Russland unter Putin denkt nicht daran, die Verträge zu revidieren oder Teile des heutigen Sibiriens an China abzugeben. Die Grenze zwischen dem europäischen Russland und China ist damit für immer festgeschrieben. Sibirien ist von Russland genauso erschlossen und besiedelt worden wie die USA von Engländern und Franzosen, nur mit dem Unterschied, dass Sibirien von Russland nicht als Kolonie beansprucht, aber genau wie eine Kolonie behandelt wurde.

Der Amur und die Grenze zwischen Russland und China haben verschiedene Bedeutungen für Russen und Chinesen. Hier am Amur stand das Schicksal der russisch-chinesischen Beziehungen schon mehrmals auf dem Spiel. In Aigun am Amur unterzeichnete der russische Gouverneur Murawjow den Vertrag, mit dem China Russland freie Hand auf die sibirischen Gebiete östlich des Baikalsees gab. Die Ortschaft Aigun hat auch einen chinesischen Namen: Heihe heißt sie und ist die bedeutendste Stadt in der Region Heilongjiang, schon weil hier Russen und Chinesen physisch aufeinanderstießen.

Heihe liegt am südlichen, dem rechten Ufer des Amur, direkt gegenüber der russischen Stadt Blagoweschtschensk. Die Bevölkerung auf beiden Seiten ist es seit mehr als hundert Jahren gewohnt, den Fluss auf Booten zu überqueren, um die Städte auf beiden Seiten zu erreichen. Aber Ende 2019 hat man den Menschen beiderseits den gegenseitigen Besuch leichter gemacht: Man hat über dem Amur eine Autobahn gebaut. In Vorbereitung befindet sich eine Seilbahn mit Riesengondeln, von denen jede 60 Personen aufnehmen kann. So können Hunderte von ihnen in kurzer Zeit ans andere Flussufer gelangen.

MEINE REISE NACH HEIHE

Als ich Heihe (Aigun) zum ersten Mal besuchte, da überquerten die Menschen den Amur noch mit Booten, und wer es sich leisten konnte, mit einem Hubschrauber. Ja, mit einem Hubschrauber, geheuert und bezahlt von geschäftstüchtigen Russen, die die Chance erkannt hatten, die sich ihnen im jenseitigen China bot. Sie überquerten den Fluss in wenigen Minuten und wurden in Heihe schon ungeduldig empfangen. Für die Russen war China damals (und ist es noch heute) eine Insel eines außerordentlichen Reichtums. In China wurde alles und jedes erzeugt, von dem man in Russland nur träumen konnte: jede Art von Kleidung – Kleider, Anzüge, Wäsche und Schuhe für Jung und Alt –, alle Arten von Haushaltsgeräten, Möbeln und Küchenmaschinen, Kinderspielzeugen und Fahrrädern.

Die Stadtregierung von Heihe sorgte dafür, dass dies alles ohne Schwierigkeiten für die Russen zu finden und zu kaufen war. Wie in vielen chinesischen Städten so hatte man auch in Heihe die Stadt auf einen möglichen Krieg vorbereitet und diese mit einem weitverzweigten Bunkersystem unterlegt. Mit anderen Worten: Man hatte eine zweite unterirdische Stadt gebaut.

Und damit fanden die Russen zu Hunderten und Tausenden die Möglichkeit, hier einzukaufen. Flugs hatte man das gesamte Bunkersystem für den chinesischen Handel freigegeben. Es entstand einer der größten unterirdischen Marktplätze der Welt.

Und die Russen nahmen ihre Chance auch wahr. Sie kamen mit Flugbooten und Helikoptern, um einzukaufen, was sich in der konsumgüterarmen Sowjetunion gut verkaufen ließ. Auch darauf hatte man sich in Heihe gut eingerichtet mit Maschinen besonderer Art, die ich selbst bestaunen konnte.

Es handelte sich um würfelartige Stahlbehälter, die mit den eingekauften Waren befüllt wurden. Auf sie wurde ein Hebel gesetzt, der hydraulisch betätigt wurde und alle im Würfel befindlichen Waren zusammenpresste. Dann wurden die würfelartigen Pakete aus den Behältern genommen und zu den Hubschraubern getragen, wo die gepressten Würfel eingeschlichtet wurden, um über den Amur hinweg nach Blagoweschtschensk getragen zu werden. Dort wurden die Würfel aufgelöst, um dem Transport mit der Transsibirischen Eisenbahn nach Moskau anvertraut zu werden. Aber wie es hieß, wurden viele Waren schon auf dem Weg nach Moskau bei vielen Bahnstationen verkauft.

In Zukunft werden die chinesischen Waren zu Würfeln gepresst mit den neuen Gondeln über den Amur nach Russland kommen. Das ist übrigens höchst interessant, denn daraus kann man ableiten, welche Zukunft der Handel zwischen Russland und China haben dürfte, wenn die beiden Länder künftig eine zollfreie Zone vereinbaren sollten.

Ja, das war ein emsiges Treiben damals, in Heihe, und das ist auch so geblieben, bis heute!

Wer heute nach Sibirien kommt, hat Europa nicht verlassen, sondern sich nur von einem Punkt Europas nach einem anderen Punkt Europas begeben. Als die Russen Sibirien für ihre Kosaken und mit ihren Verbannten in Besitz nahmen, dachten sie nur daran, das Land zu besiedeln und zu entwickeln, was sie damals noch nicht wussten, aber bald darauf nach und nach entdeckten, das waren die unglaublichen reichen Bodenschätze dieses Landes.

Als Erstes natürlich fand man heraus, dass sich in Sibirien einige Goldminen befanden, und so suchte man nach dem Gold. Nicht lange danach entdeckte man auch andere unterirdische Rohstoffe, so vor allem Erdöl und Erdgas. Heute ist Russland dank der in Sibirien erschlossenen Quellen einer der größten Erdöl- und Gasexporteure der Welt, und große Pipelines verbinden Sibirien heute mit vielen Teilen Europas.

US-Präsident Trump hat versucht, die europäischen Partner auf beiden Seiten zu schädigen: Er hat die Westeuropäer aufgefordert, sich von Russland als Rohstofflieferanten zu trennen, womit er vor allem Russland schwächen, aber auch die Westeuropäer dazu bewegen wollte, ihr Erdöl aus den USA und nicht aus Russland zu beziehen. Das ist ihm zumindest bislang nicht gelungen. Die Russen erwiesen sich als zuverlässige Partner, und die Europäer ließen sich von Trump nicht einschüchtern.

Nichtsdestotrotz bleibt das Verhältnis zwischen Russland und der Europäischen Union noch immer ungeklärt. Die NATO, das transatlantische Militärbündnis zwischen Westeuropa und den USA, hat alle sich von Russland absetzenden Nationen und Einflussgebiete unter ihren Schutz gestellt – durchaus auf deren Wunsch und Drängen. Denn diese Gebiete fürchten oder fürchteten zunächst, dass ihnen Russland die Abkehr übel nehmen und eines Tages versuchen könnte, sie neuerdings zu unterwerfen. Eine Sorge, die auch bis heute noch teilweise vorhanden ist – zumindest in diesen Staaten und Gebieten, die sich sehr darum bemüht haben, dass ihnen Amerika als neuer Verbündeter auch in Zukunft zur Seite stehen würde. Polen und die baltischen Republiken haben sehr darauf gedrängt, so bald wie möglich amerikanische Soldaten auf ihrem Boden willkommen zu heißen und amerikanische Panzer entlang ihrer Grenzen zu Russland auffahren zu lassen. Das waren

Wünsche, denen die USA auch gerne entsprochen haben, denn auch in Amerika entstand so etwas wie eine Siegeslust, das heißt, man begrüßte es durchaus, aus der seinerzeitigen Rivalität mit Russland nun als Sieger hervorgegangen zu sein.

Dabei haben sich einige Amerikaner vermutlich durchaus verschätzt. So hat Präsident Barack Obama das neue Russland als entscheidende Weltmacht abgeschrieben und es offiziell auf den Rang einer »Regionalmacht« heruntergesetzt. Zu früh, wie die bald danach einsetzenden Entwicklungen bewiesen. Das Russland Wladimir Putins war durchaus bereit, sich in die Entwicklungen im Nahen Osten einzumischen und als Ordnungsmacht selbst dort einzugreifen. Im Gegensatz zu den zögernden und vorsichtigen europäischen Staaten wie England, Frankreich und Deutschland war Russland bereit, mit eigenen Truppen den alle bedrohenden Islamischen Staat auf dem Boden des Irak anzugreifen. Putin entsandte sogar den einzigen russischen Flugzeugträger an die syrische Küste, um den IS auch aus der Luft zu bekämpfen und sich dabei automatisch auch hinter den syrischen Diktator Baschar al-Assad zu stellen.

RUSSLAND BLEIBT IM SPIEL

So bewahrte sich Russland und mit ihm Putin durchaus ein Mitspracherecht bei der Beilegung der Konflikte im Nahen Osten und ist offenbar auch dabei, in diesem Raum neue Bündnisse zu schließen, jedenfalls hat Putin die Staatsführer der Türkei, aber auch Syriens und des Iran zum Besuch Russlands eingeladen, um mit ihnen die Neuordnung des Nahen Ostens zu beraten. Westeuropa, vielmehr die Europäische Union, hat dergleichen bisher nicht versucht, wohl aber, das russische Mitwirken im Nahen Osten misstrauisch zu betrachten. Ein Grund mehr für einige der westlichen Politiker, darauf zu achten, dass das Verhältnis zwischen Westeuropa und Russland in Zukunft nicht noch mehr belastet wird.

Es ist nicht nur der frühere Berater des deutschen Bundeskanzlers Kohl, Horst Teltschik, der neue Gespräche und eine neue Positionierung des Westens zu Russland fordert, sondern auch die Russen selbst, unter anderem deren früherer Präsident Gorbatschow. All diese setzen sich für eine Neuordnung zwischen Russland und der Europäischen Union ein. Dabei kommen Teltschik und Gorbatschow zu dem gleichen heiklen und alles entscheidenden Punkt: Keine Abmachungen und keine Verträge sind so entscheidend wie das gegenseitige Vertrauen zwischen den Mächten, um den gewünschten garantierten Frieden besonders in Europa aufrechtzuerhalten. Das ist eine Herausforderung auf beiden Seiten: Wie schafft man Vertrauen? Und darin sind sie sich zumindest theoretisch einig – Vertrauen kann nur durch gegenseitige

Glaubwürdigkeit und unbedingte Sicherheit gewonnen werden. Gorbatschow nennt das unbedingt zu erreichende gemeinsame Ziel für Europa und Russland, und er erklärt dazu, für alle unmissverständlich: »Wir können das, nein, wir müssen das erzielen«.

PUTIN UND DIE FREIHEIT

Eine Forderung, die hoffentlich geteilt wird. Aber die Umsetzung wird sich als schwierig, vielleicht sogar als sehr schwierig erweisen. Denn eines ist klar, die Europäische Union wird ebenso wie der gesamte Westen größten Wert darauf legen, dass ein Ausgleich mit Russland auch Änderungen in Russland selbst voraussetzt, einfach ausgedrückt: Eine echte vertrauensvolle Zusammenarbeit mit Russland würde voraussetzen, dass sich Putins Russland auch zur Anerkennung der Menschenrechte und damit verbunden auch zur persönlichen Freiheit der Bürger und zur Freiheit der Meinungsäußerung, zur Freiheit der Presse wie der Medien insgesamt bekennen müsste. Doch diese stehen offenbar nicht auf der Agenda Wladimir Putins. Auf nichts ist der russische Präsident so bedacht wie auf die Wahrung seiner eigenen Souveränität und die seines Landes. Schon bei mehreren Gelegenheiten hat Putin immer klargemacht, dass er sich durch freie Meinungsäußerung und damit auch von den freien Medien gestört, wenn nicht gar bedroht fühlt. Das stimmt auch mit seinem übrigen bisher bekannten Regierungsstil überein. Er mag es nicht, unangenehme und dadurch von ihm als störend empfundene Nachrichten zu empfangen und gar auf sie reagieren zu müssen. Zum Kreise seiner engsten Berater, soweit diese bekannt sind, gehören fast ausschließlich Leute, die sich lobend und positiv zu allen seinen Äußerungen und Taten bekennen und nur in geringem Maß eigene Initiative ergreifen, schon gar nicht, wenn ihre Ideen nicht vorher von Putin zur Kenntnis genommen und möglichst auch approbiert worden sind. Putin ist ein absoluter Herrscher, der möglichst alle Maßnahmen und Ereignisse im eigenen Land im Voraus wissen und überprüfen will. So hat sich seine Umgebung auch daran gewöhnt, möglichst vorzeitig zu erfahren, was Putins Ansichten und Absichten sind, um ganz in diesen auch die eigenen Gedanken und Entschlüsse zu entwickeln.

Wenn diese Analyse stimmt und Putins Handeln von einer solchen Einstellung bestimmt wird, ist die Aussicht auf eine gedeihliche künftige Zusammenarbeit zwischen Europäischer Union und Russland nicht gerade vielversprechend. Es wäre natürlich falsch, Putin links liegen zu lassen, den Kontakt nicht zu suchen und damit die Gelegenheiten für Aussprachen nicht wahrzunehmen.

Eine ganz schlimme Taktik von Russlandskeptischen Medien und Politikern ist es, Leute, die sich um ein Verständnis mit Putin bemühen, sofort zu verdächtigen, westliche Ideen zu verraten, schon weil sie versuchen, »Putin zu verstehen«. Denn eines ist klar, wie auch immer man Putins Herrschaftsansprüche und die sich daraus ergebenden Handlungen einschätzen mag, eine Verständigung mit Putin wird man nur herbeiführen können, wenn man ihn zumindest versteht. Verstehen heißt ja nicht, die gleiche Meinung zu teilen oder alles zu akzeptieren, was man versteht. Aber man muss verstehen, um zu wissen, was bei Verhandlungen wichtig und erreichbar ist.

Ich bin der Meinung, dass es ein entscheidender und großer Fehler war, dass der damalige deutsche Bundespräsident Joachim Gauck die Einladung Putins zur Eröffnung der Olympischen Winterspiele in Sotschi mit der simpel hingeworfenen Formel »Da gehe ich nicht hin« zurückgewiesen hat. Wenn man weiß, dass die Akzeptanz Russlands als gleichberechtigte Großmacht an der Spitze des Bestrebens Putins von allem Anfang an bestanden hat, dann hätte man wissen müssen, dass sein enormes Engagement für die Ausrichtung dieses internationalen Großereignisses Olympia für ihn ein ganz wesentlicher Versuch war, mit einem Schlag als gleichberechtigte, moderne und für die ganze Welt gültige Großmacht zu gelten. Die wegwerfende Geste des Bundespräsidenten Gauck führte dazu, dass auch sämtliche anderen Staats- und Regierungschefs die Einladung Putins zu den Winterspielen in Sotschi nach deutschem Vorbild ablehnten. Wie muss Putin sich gefühlt haben, als er am Tag der Eröffnung dieser Spiele auf der Haupttribüne stand, nur gemeinsam mit dem Präsidenten Kasachstans und dem UNO-Generalsekretär?

Und ich bin der Meinung, dass diese brüske Zurückweisung Putins durch die Welt einiges dazu beigetragen hat, dass Putin ganz kurze Zeit nach der Eröffnung der Winterspiele seine illegale Besetzung der Krim ohne Rücksicht auf die Weltmeinung durchführte. Hätte er das gewagt? Wenn knapp davor noch die ganze Welt bei seinem größten Prestigeprojekt Olympia anwesend gewesen wäre? Herr Gauck hatte jedenfalls demonstriert, dass er es nicht für sinnvoll hielt, Putin zu verstehen.

Putin hat mehrfach betont, dass er nicht damit rechnet oder auch nur beabsichtigt, dass die Europäer ihre schon so lange bestehende Beziehung zu den USA und ihre Mitgliedschaft zur NATO infrage stellen müssten, wenn sie mit Russland handelseinig werden wollten. Im Gegenteil, Putin hat immer wieder betont, dass diese so alte und bewährte Bündnispartnerschaft Europas mit den USA durch bessere Beziehungen mit Russland keineswegs infrage gestellt werde, sondern Russland gerade auch durch diese Beziehungen Europas mit Amerika in seiner eigenen Weltrolle bestätigt würde. Er ist sich also klar darüber, dass keiner seiner westlichen Partner seine demokratische Gesinnung und den Zusammenhalt der westlich demokratischen Bündnisse abzubauen und aufzugeben hätte. Nur seine eigene Souveränität und Selbstbestimmung dürfe von niemandem infrage gestellt werden. Ob Westeuropa (und die USA) innerhalb eines solchen Rahmens einen Ausgleich mit Russland finden können, darüber werden die westeuropäischen Regierungschefs noch selbst entscheiden müssen.

In allen meinen Gesprächen, die ich in Russland über Putin und seine Art zu regieren geführt habe, gab es einen Konsens: Putin habe es verstanden, nach dem Zusammenbruch der Sowjetunion die russische Bevölkerung zusammenzuhalten und zu einem Bekenntnis zu dem von ihnen gewohnten Staat zu bringen. Die Basis seines innenpolitischen Erfolges sei blanker Nationalismus. Jedes Mal, wenn Putins Wirken ernstlich zur Diskussion gestellt werde, habe er es verstanden, von sich selbst und der Art seines Regierens abzulenken. Das könne man anhand der verschiedenen maßgeblichen Ereignisse in der jüngsten Geschichte Russlands nachvollziehen. Und dazu gibt es jeweils einen geeigneten Schlüsselsatz von Putin.

Er weiß sich einer Meinung mit dem Volk, wenn er etwa den Zusammenbruch der Sowjetunion und damit die Auflösung jeglicher bisher gewohnter Ordnung als die »größte Katastrophe des 20. Jahrhunderts« bezeichnet. Von einigen gescheiten Oppositionellen diesbezüglich zur Ordnung gerufen, mit dem Hinweis auf die

»brutale und menschenverachtende Herrschaft Stalins«, antwortet Putin: »Und was ist mit all den Menschen geschehen, die durch den Zusammenbruch der Sowjetunion über Nacht plötzlich kein Zuhause mehr hatten, sich nicht mehr auf russischem Boden befanden und einem völlig ungewissen Schicksal preisgegeben waren?« Und er verweist darauf, dass es ihm gelungen sei, die Ordnung im Staat wiederherzustellen, die Russen auf ihren Staat wieder stolz werden zu lassen und für ihren Staat einzutreten.

Ich habe oft genug an Diskussionen teilgenommen, in denen diese Fragen die Hauptrolle spielten und andere Probleme leicht wegzuwischen waren.

DAS DRAMA KURSK

Ich selbst war äußerst bestürzt, als im Jahr 2000 das russische Atom-U-Boot Kursk eine schwere Havarie an Bord meldete und es kurz darauf klar war, dass die Mannschaft das Boot nicht mehr retten und sich selbst auch nicht mehr in Sicherheit bringen konnte. Das Boot lag auf dem Meeresgrund, und mehr als 20 Mann seiner Besatzung waren noch am Leben. Das Schicksal der Kursk wurde offiziell bekannt. Die USA und Norwegen waren sofort bereit, Putin ihre Hilfe anzubieten. Die beiden NATO-Staaten hatten sowohl ausgebildete Mannschaften als auch die entsprechende technische Ausrüstung, um ein solches U-Boot auch am Meeresgrund zu öffnen und die Mannschaft zu befreien.

Ich und viele andere atmeten auf, es gab also eine Möglichkeit der Rettung. Aber Putin war schnell bei der Antwort: Nein, er wünsche eine solche Intervention nicht. Ohne selbst auch nur ein Wort darüber zu verlieren, dass Russland aus eigener Kraft nicht imstande war, die Mannschaft ihres U-Bootes zu retten. Die 23 Matrosen wurden von Putin ihrem Schicksal preisgegeben. Und es rührte sich niemand, der dem Staatschef die Unmenschlichkeit seiner Entscheidung klargemacht hätte.

Was hatte Putin bewogen, seine Leute so im Stich zu lassen? Darauf konnte es nur eine Antwort geben: Es hätte den Nationalstolz Russlands zutiefst verletzt, hätten ausgerechnet die langjährigen politischen Gegner Russlands diese russischen Leben gerettet. Und ganz offensichtlich wurde dieser Beweggrund von der russischen Öffentlichkeit verstanden und akzeptiert.

DIE ROLLE DER OLIGARCHEN

Eine lange Zeit wurde auch die Art Putins, das Land zu regieren, öffentlich diskutiert. Oppositionspolitiker wie der bekannte Alexei Nawalny beschuldigten Putin öffentlich, eine Schicht von Leuten um sich versammelt zu haben, die nur eines im Sinn hätten, nämlich

Russland auszubeuten, um sich selbst zu bereichern und um sich und ihren Familien Häuser in London zu kaufen und an der französischen Riviera luxuriöse Urlaube zu verbringen. Dies sei zwar nachzuweisen, aber es werde von Putin geduldet, der selbst an der persönlichen Bereicherung teilnimmt.

Nawalny und einige andere russische Journalisten und Politiker versuchen, ihre Behauptungen durch Beweise abzusichern, doch wurden diese von Putin durchwegs als unwahr zurückgewiesen. Wenigstens bis jetzt scheint ihnen dies auch zu gelingen, bleibt aber zunächst wirkungslos. Dabei kann man durchaus aus der Umgebung Putins genügend Erklärungen bekommen, wie dieses korrupte System zustande gekommen sei. Als die Sowjetunion vor ihrem Zusammenbruch stand, gab es eine Reihe einflussreicher amerikanischer Berater, die aus der neoliberalen Schule Chicagos kamen, der viel zitierten Chicago-Boys, die Putin vor allem einen grundsätzlichen Rat gaben: Wolle man Russland retten, so müsste man die gesamte verstaatlichte Wirtschaft Russlands über Nacht privatisieren, und danach die Preiskontrollen aufgeben. Das würde schon dafür sorgen, dass sich die Wirtschaft Russlands durch freie Konkurrenz und Tüchtigkeit praktisch über Nacht erhole.

Und genau das tat Putin. Er schaffte das staatliche russische Wirtschaftssystem ab und legte alle Teile der Wirtschaft in private Hände.

Diese aber verstanden es, sich alle Wirtschaftsgüter zu eigen zu machen und ausschließlich für sich selbst zu nutzen. So wurden die sogenannten Oligarchen in Russland geschaffen. Sie sind es, die auf allen Gebieten die russische Wirtschaft rücksichtslos für sich selbst ausbeuten, eine Gesellschaft von Räubern und Dieben. Und Putin habe es nicht verstanden, diese unter Kontrolle zu bringen. Heute stellen die Oligarchen praktisch die Regierung. Und die ist mächtig, alle Polizei- und Geheimdienste liegen in Putins Hand. Er ist daher in der Lage, jeden Bürger Russlands zur Verantwortung zu ziehen und vor Gericht zu bringen. Nur die Horde seiner Oligarchen habe weiterhin freie Hand zu wirtschaften, wie sie wolle. So sei es Putin selbst, der an der Spitze dieses Systems stehe und nichts unternehme, um diesen Augiasstall auszuräumen.

Hingegen falle es Putin immer wieder ein, irgendeine aufsehenerregende patriotische Aktion zu inszenieren, die die Bürger begeistert und Putin Sympathien einbringt. Die überraschende militärische Besetzung der Krim war eine solche Aktion, die von allen Seiten einschließlich der Opposition begrüßt und bejubelt wurde. In diesem Lichte erscheinen auch die Kriege in der Ukraine, die im Namen der dortigen russischen Minderheit geführt werden. Da sei jede ausländische Intervention nicht nur sinnlos, sondern werde im Gegenteil sogar als Russen-feindlich eingestuft, womit es Putin ein

Leichtes ist, allen Rat von außen abzulehnen und sämtliche internationale Warnrufe als unzulässige Einmischung zurückzuweisen.

PRÄSIDENT AUF LEBENSZEIT

So ist es auch erklärlich, weshalb Putins große Offensive zur Verlängerung seiner Amtszeit und damit zur Verletzung der russischen Verfassung von der Bevölkerung begrüßt und getragen wurde. Schon am 1. Juni 2020 hat die Volksabstimmung über die von Putin beantragte entscheidende Verfassungsänderung stattgefunden, die ihm das Weiterregieren nach schon drei absolvierten Präsidentschaftsrunden für weitere acht Jahre bis zum Jahre 2036 sicherstellt.

Es war klar, dass diese Volksabstimmung das gewünschte Resultat bringen würde. Dazu die zynische Bemerkung der Opposition: »Bei uns hat noch nie ein Führer seine Position eingebüßt, schon gar nicht durch Abwahl oder Volksabstimmung.« Und ein böser Witz macht in Russland die Runde. Josef Stalin sei Putin im Traum erschienen, und Putin habe ihm geklagt, dass so vieles in Russland nicht in Ordnung sei, aber er wisse nicht, wie man dies verbessern könne. Darauf habe ihm Stalin den Rat gegeben: »Das ist einfach, lass alle deine Regierungsmitglieder erschießen und den Kreml in der Farbe Violett anstreichen.« Worauf Putin geantwortet habe: »Weshalb gerade Violett?« Darauf Stalin:

»Ich habe gewusst, dass du nur auf den zweiten Teil meines Rates hören willst«.

Es hatte sich allerdings gezeigt, dass die anfangs ziemlich hohe Zustimmung der Bevölkerung zu Putin zuletzt zurückgegangen ist. Dazu haben einige Fehler Putins beigetragen. Seine schon vor einiger Zeit durchgeführte Pensionsreform habe nur einen enttäuschenden Kompromiss, aber keine Verbesserung und keine Sicherung der Pensionen gebracht. Und als die Corona-Pandemie auch Russland stark in Mitleidenschaft gezogen hatte, habe Putin zu spät und nicht energisch genug reagiert. Daher sei die Zahl der Toten in Russland ebenso wie in Italien und in den USA überdurchschnittlich hoch gewesen, und dies wird Putin angelastet. Er konnte sich phasenweise nur noch auf eine Zustimmungsrate von etwa 60 Prozent der Bevölkerung stützen, was im Vergleich zu früher eine starke Verschlechterung bedeutet. 60 Prozent sind natürlich verglichen mit den Umfrageergebnissen westlicher Politiker noch immer bemerkenswert hoch, im Vergleich zu Putins Anfängen aber bedeutend niedrig.

Was ist aus all dem für die Zukunft Russlands zu erwarten? Dazu gibt es einen Kommentar vonseiten Nawalnys und der Opposition: Was ist zu erwarten in einem Staat, in dem der Präsident des Parlamentes erklärt, es sei unzulässig, im Parlament Diskussionen abzuhalten, und was ist von der Zukunft eines Staates zu erwarten, in dem die Jugend den öffentlichen Diskurs und die Demokratie nicht mehr kennenlernt.

Nun könnte man meinen, dies sei für Russland ja nicht so ungewöhnlich, all das habe es in der Vergangenheit auch nicht gegeben. Dem aber widersprechen die oppositionellen Kräfte ganz entschieden. Nach der Präsidentschaft Gorbatschows und dessen revolutionärer Kampagne mit Glasnost und Perestroika (Transparenz und Umstrukturierung) sei die russische Gesellschaft auf einem guten Weg gewesen, sich weiter in Richtung Reform zu bewegen. Selbst im Parlament, in der Duma, habe es trotz allem offene Auseinandersetzungen gegeben, und das Land habe begonnen, einen demokratischen Weg einzuschlagen. Auch außenpolitisch wollte Russland nicht immer wieder ein Aufreger in der Welt sein. Aber dann seien auch die guten Vorsätze gleichzeitig mit der Sowjetunion zugrunde gegangen. Der eingeschlagene Weg sei nicht fortgesetzt worden. Man habe sich die gesellschaftliche Basis angesehen und den demokratischen Weg letztendlich verlassen.

ENDLICH EINEN NORMALEN STAAT

Dennoch sieht auch die Opposition nicht alles verloren: Es stimme zwar, dass alle Medien in Russland von der Regierung kontrolliert würden und dass jede offene Kritik zur Bestrafung des

Kritikers führe. Aber immerhin gebe es diese Kritik noch, immerhin erinnere sich noch eine ganze Reihe von Menschen an den guten Weg, den man schon einmal eingeschlagen habe, und sie erkennen diesen Weg als den einzig zukunftsweisenden. So könne man doch hoffen, dass sich die russische Gesellschaft in absehbarer Zukunft doch noch einmal erholen könne.

Vor allem wolle man: aus Russland außen- wie innenpolitisch »endlich einen normalen Staat machen«. Letztlich sei das doch nicht zu viel verlangt. Und man hoffe sehr, dass die Welt, insbesondere das demokratische Europa, die Geduld mit Russland nicht verlieren werde. Dazu stehe in Russland für Russland selbst wie für die Welt zu viel auf dem Spiel.

Das ist eine Überlegung, die auch mich selbst betrifft. Denn deshalb habe ich mich entschlossen, meine vielfältigen Erfahrungen aus zahlreichen Reisen in die Sowjetunion und danach auch nach Russland noch einmal zusammenfassend in diesem Buch darzulegen. Es hat mich betroffen gemacht, mit wie wenig Anteilnahme Russlands Weg in der Weltpolitik in den vergangenen Jahren vor allem im Westen Europas verfolgt worden ist. Da hat die Welt über Jahrzehnte hinweg den sogenannten Kalten Krieg miterlebt, eine Periode, die gekennzeichnet war von dauerhaften gegenseitigen Bedrohungen zweier Supermächte, der USA und der Sowjetunion. Da wurde Westberlin mit seinen fast drei Millionen Bürgern von der Sowjetunion militärisch abgeriegelt und musste mehr als ein Jahr lang von den Westmächten, hauptsächlich von den USA, auf dem Luftweg versorgt werden. Wobei es jeden Tag zu gefährlichen Konfrontationen der beiden Atommächte USA und Sowjetunion hätte kommen können.

Das war die Zeit, in der die USA in der Türkei ihre Atomraketen aufstellte, in genügender Anzahl, um die gesamte Sowjetunion auslöschen zu können. Auch das schien die Welt nicht sonderlich zu erschüttern. Die Sowjetunion »revanchierte« sich, indem sie ihre Atomraketen in Kuba in Stellung brachte, ebenfalls in ausreichender Stärke, um alle Lebenszentren der USA auf kurzem Weg zu zerstören. Präsident John F. Kennedy verhängte daraufhin eine Seeblockade, bei der jedes sowjetische Schiff, das sich Kuba näherte, angehalten und untersucht werden konnte. Die ganze Szene wurde von amerikanischen und sowjetischen U-Booten begleitet, alle mit Atomsprengsätzen versehenen Torpedos in ständiger Bereitschaft, abgefeuert zu werden. Jedes Mal, wenn die beiden Atommächte USA und die Sowjetunion ihre Drohpotenziale gegeneinander richteten, war die Welt in unmittelbarer Gefahr, in einem alles zerstörenden Atomkrieg unterzugehen. Und die Provokationen wurden nicht weniger: Westberlin wurde von der DDR mit Zustimmung der Sowjetunion eingemauert. Da zog später die USA in den Krieg gegen den Irak mit erlogenen Argumenten, und der Weltfriede wurde bedroht. An jedem dieser Tage hätte in all diesen vielen Jahren der Atomkrieg ausbrechen können, die ganze Welt lebte unter dem Damoklesschwert der Atombedrohung.

Und dann? Dann brach praktisch über Nacht eine dieser beiden Mächte, die Sowjetunion, geradezu still und leise zusammen. Welch eine Chance für die Welt! Das gesamte sowjetische Imperium begann zusammenzubrechen, die drei baltischen Staaten Estland, Lettland und Litauen sprangen bald von der Sowjetunion ab. Und auch die bis dahin unter Sowjetaufsicht stehenden Staaten Polen, die Tschechoslowakei, Ungarn, Rumänien und Bulgarien konnten über Nacht ihre eigenen Wege gehen, welch ein Wandel! Aber er wurde nicht genützt. Später kam dann der neue amerikanischer Präsident Donald Trump und rief stattdessen eine neue Parole aus: »Ich mache Amerika wieder stark! *America first!*«

Just in diesem Augenblick ließen Frankreich und Deutschland, die Träger des vereinten Europa, ihre Zügel wieder einmal schleifen. Sie sahen zu, als die Ukraine zur Europäischen Union wollte und am Veto Russlands scheiterte. Sie duldeten ohne energischen Widerstand den Austritt der USA aus dem Iran-Abkommen, mit dem sich die Iraner verpflichteten, keine Atomwaffen zu bauen. Und sie nahmen es, zwar mit Verhängung sanfter Sanktionen, dann auch hin, dass Putin sich auf illegale Weise die Krim einverleibte.

Kurzum, da wurde die gesamte Weltpolitik mehrfach auf den Kopf gestellt. Und es schien, dass dies alles möglich sei, ohne dass neue internationale Verhandlungen, wie sie früher einmal selbstverständlich waren, einberufen worden wären.

RUSSLANDS NEUER MUT

Heute haben wir es mit dem Resultat dieser Entwicklungen zu tun: Russland ist wiedererwacht, wird autoritär geführt, und das Volk in seiner Meinungsfreiheit beschränkt, aber durchaus in der Lage, sein Gewicht in der Weltpolitik einzubringen. So geschehen erst kürzlich, als sich Präsident Putin entschloss, gegen den Terror des Islamischen Staats militärisch einzugreifen. Er stellte den einzigen Flugzeugträger Russlands vor die Küste Syriens und befahl seiner Luftwaffe, den Islamischen Staat niederzukämpfen. Und das Bemerkenswerteste daran war: Alle anderen sahen zu, keiner der großen Staaten der Europäischen Union hatte das Bedürfnis, diesen die ganze Welt bedrohenden Islamischen Staat außer Gefecht zu setzen. Putins Russland wagte das. Er und mit ihm die Freiheit suchenden Kurden.

Das alles zeigt. Die Welt hatte sich verändert. Ab sofort haben wir es mit einem neuen Russland zu tun. Das ist nicht die alte Sowjetmacht, das ist ein Russland, das mit machtpolitischen

Mitteln seinen Platz in der Weltpolitik beansprucht und konsequent einzunehmen versucht. Mit diesem neuen Russland haben sich die Welt – insbesondere aber die Europäer – abzufinden. Und so war es mir wichtig, aus der Erfahrung einer nahezu lebenslangen Beschäftigung mit dem russischen Nachbarn einen Beitrag zum Verständnis der Lage zu leisten.

Denn eines hatte ich beim Studium der Geschichte Russlands zur Kenntnis genommen, und das scheint mir nach wie vor sehr erwähnenswert zu sein: Auch Russland wurde, so wie fast alle größeren Mächte in Europa, von Kriegen nicht verschont. Anfang des 19. Jahrhunderts marschierte Napoleon in Russland ein und besetzte Moskau, Mitte des 19. Jahrhunderts kam es zum Krimkrieg. Die Türkei, Großbritannien und Frankreich kämpften gegen Russland. Anfang des 20. Jahrhunderts gab es den Krieg Japans gegen Russland, 1914 den Ersten Weltkrieg und 1941 den Zweiten Weltkrieg mit und gegen Russland. Keinen dieser Kriege aber hat Russland ausgelöst, alle hatte es zu ertragen und fast alle mit hohem Blutzoll zu bezahlen.

Nun aber hat es Europa mit einem neuen Russland zu tun. Und so merkwürdig es klingt, mit einem neuen Nachbarn – nicht mehr mit einer aggressiven Sowjetunion, sondern mit einem Land, das über Jahrhunderte hinweg gewohnt war, sein Schicksal zu ertragen.

Ich habe auf all meinen Reisen in der Sowjetunion stets die Bürger dieses Landes bewundert:

Was die imstande waren zu ertragen! Einen Stalin, der Millionen Bauern verhungern ließ, um seine Industrialisierungspläne umzusetzen, der Millionen andere in »Gulags«, Zwangsarbeiterlagern, steckte; der der Bevölkerung nur ein Mindestmaß an Lebensstandard zukommen ließ. Wie sind mir noch all die Menschenschlangen gegenwärtig, die ich über Jahre hinweg überall in der Sowjetunion beobachten konnte, wenn sie sich um eine Flasche Milch, eine Scheibe Wurst oder gar um ein paar Schuhe anstellten. Eine nahezu unbegreifbare Leidensfähigkeit!

Von nun an hat es Europa mit diesem neuen Russland zu tun. Dass es nach wie vor fähig ist, in die Weltpolitik einzugreifen, hat es bewiesen. Aber es wird notwendig sein, mit diesem Russland auszukommen. Und ich hoffe sehr, dass dies in friedlicher Zusammenarbeit möglich sein wird. Dabei ist für alle etwas zu gewinnen. Für die Europäische Union einen möglichst friedfertigen Nachbarn, der sich nicht einem sich ebenfalls nach Europa orientierenden aggressiven China anschließen wird. Ja, im Gegenteil, der seine geografische Lage und wirtschaftlichen Möglichkeiten nutzen wird, um Europa nicht von Chinas »Seidenstraßen« abhängig werden zu lassen. Auch ein Nachbar, der daran interessiert sein wird, Europas Westen nicht der amerikanischen Willkür auszuliefern. Mit anderen Worten: Wir stehen vor einer gewaltigen Bewährungsprobe im Zusammenleben der europäischen Völker. Und haben alle dazu beizutragen, dieses Zusammenleben erträglich zu gestalten. Selbst wenn wir alle auch Putin noch eine Zeit lang hinzunehmen hätten. Solange bis es auch Russland schafft, seine inneren Freiheiten zu finden.

DANKSAGUNG

Danke sagen möchte ich allen, die mir geholfen haben, dieses Buch zu schreiben, so Conny Schmeller und Jutta Lang.

Heinz Nussbaumer, der mir wie immer mit Rat und Tat zur Seite stand.

Frau Stimeder und Frau Brunner, die das Buch seitens des Verlages betreuten.